과학자의
사 고 법

SCIENTIST'S WAY OF THINKING

과학자의

반도체 과학자의 인생을 주도하는
과학 철학 에세이

아이작 유 지음

사고법

바른북스

머리말

생각하고 있는가?
생각당하고 있는가?

내가 이 책을 쓴 목적은 분명하다. 그것은 '생각당하는 삶에서 생각하는 삶으로의 회복'이다. 우리 인간은 언어를 통해 사고하는 동물, 호모 사피엔스이다. 우리는 생각하는 능력을 자연스럽게 타고났고, 그 때문에 누구나 스스로 생각을 잘한다고 믿는다. 하지만 현실은 그리 간단하지 않다. 실제로 많은 사람들이 깊이 있는 사고를 하지 않고 살아간다. 일상의 반복과 외부의 자극에 휩쓸려, 스스로 생각하기보다는 주어진 생각을 받아들이는 데 익숙해져 버렸다. '왜?'라고 묻기보다, '그렇구나.'라고 수긍하고, '어떻게?'라고 궁리하기보다, '그냥 그런가 보다.'라고 넘기는 일이 더 흔하다. 생각하는 삶이 아닌 생각당하는 삶을 사는 것이다.

이런 현상은 단순히 개인의 나태함이나 무지 때문이 아니다. 현대 사회가 만들어 낸 구조적인 결과이기도 하다. 과도한 정보의 홍수, 끊임없이 주어지는 선택지, 끝이 안 보이는 업무량, 그리고 이에 따른 심리적 압박 속에서 우리는 점점 더 생각하기를 포기하게 된다. 생각하는 삶은 개인의 고립 속에서 이루어지는 것이 아니라, 다양한 연결과 갈등 속에서 더 풍부해지는 것인데, 아이러니하게도 우리는 정보와 연결이 많아질수록 생각을 멈추게 되는 역설에 빠지고 있다. 예를 들어, 너무 바빠 일을 왜 하는지 고민하지 않고 시킨 대로만 하고 만족하는 것, 인플루언서의 말을 의심 없이 맹목적으로 믿고 따르는 것, 문제의 정확한 원인을 파악하지 않고 당장에만 문제가 발생하지 않도록 해결하는 것, 기존의 지식으로 설명되지 않는 현상에 대해 무관심한 것, 새로운 시도가 원하는 결과를 얻지 못하고 실패할 때 이를 분석하지 않고 덮어버리는 것, 상대방 또는 상사의 해석에 대해 의심 없이 그대로 받아들이기만 하는 것 등등 정말 많다.

생각당하는 삶에서 생각하는 삶으로 변화하려면 무엇이 필요할까? 나는 과학자이다. 지난 17년 동안 과학계와 반도체라는 공학의 최전선에서 지식을 탐구해 왔다. 그리고 그 과정에서 과학 철학을 깊이 있게 이해할 수 있었고 그것을 삶에서 실천하고 있다. 이 경험을 바탕으로 나는 한 가지 핵심 키워드를 제시한다. 그것은 바로 '모델링'이다. 곧, 자세히 등장하겠지만 '모델링'이란 현상에 대한 이해를 바탕으로 '무엇이라면 무엇일 것이다.' '무엇인 상황에서는 무엇이 일어난다.'라는 가설을 수립하고 이를 검증하는 모든 과정이다. 모델링은 단순한 추측을 넘어, 체계적인 사고와 검증을 통해 지식을 축적하는 과정이며, 인류가 만들어 낸 가장 강력한 철학적 사고법 중의 하나이다. 그 대표적인 증거가 오늘날 현대 문명을 이끈 과학 기술이다. 과학 기술의 기초는 모델링이다. 과학 기술은 모델링을 통해 자연 현상과 사회적 현상을 이해했고 그 바탕 위에 혁신적인 응용을 만들어 냈다. 내가 만들어 온 디램 반도체 칩을 예로 들자면, 하나의 디램 신제품이 개발되기까지 설계, 공정, 설비, 소재 등의 분야에서 대략 오천 가지 이상의 새로운 모델링들이 2~3년간 체계적으로 검증된다. 바로 이 검증된 모델링들이 존재하기에 개발된 칩은 정상적으로 작동할 수 있다. 인류는 오랜 시간 동안 이러한 모델링 과정을 반복하며 발전해 왔다. 우리는 자연 현상에서부터 사회적 관계, 경제 시스템에 이르기까지 다양한 영역에서 모델링을 통해 현상을 이해했고, 이를 바탕으로 새로운 지식을 축적해 왔다.

이 책에서 나는 이 모델링이 어떻게 개인의 사고방식을 변화시키고, 더 나아가 우리 삶과 세상을 바꿀 수 있는지에 대해 이야기할 것이다. 모델링은 단순히 과학적 방법론에 머무르지 않는다. 모델링은 당신의 일상과 내면에 깊이 연결되어 있으며 당신이 고정관념과 한계를 넘고 새로운 가능성을 열어가는 데 필요한 열쇠를 줄 것이다. 그 결과, 당신은 외부의 자극과 정보에 수동적으로 반응하는 '생각당하는 삶'이 아니라 스스로 모델링을 수립하고 이를 바탕으로 능동적으로 세상을 이해하고 행동하는 '생각하는 삶'을 살게 될 것이다.

"왜 내 인생은 늘 생각한 대로 되지 않을까?"
"왜 내가 하는 선택은 늘 안 좋은 결과를 가져오는 걸까?"
"왜 나는 변화하고 싶지만 같은 자리에 머무는 걸까?"

우리는 이러한 질문과 함께 좌절을 경험한다. 노력했음에도 불구하고 원하는 결과에 도달하지 못했을 때, 인생이 마치 통제할 수 없는 혼돈처럼 느껴질 때가 있다. 절망스럽다. 하지만 여기서 중요한 것은, 생각대로 되지 않을 때 우리는 생각하는 방식을 돌아봐야 한다는 점이다. 바로 모델링을 통해서 말이다. 삶이 생각한 대로 되지 않는 이유는 단순히 운이나 외부 요인만의 문제가 아니다. 우리의 생각이 우리의 현실을 충분히 반영하지 못했기 때문이다. 우리는 과거의 경험, 사회적 관습, 타인의 기대라는 '기존 사고방식'을 무의식적으로 따르고 있을 가능성이 높다. 이러한 고정관념은 익숙하고 안정적이지만, 새로운 길을 열어주지는 않는다. 하지만 당신이 모델링을 통해서 기존의 고정관념을 깨고 당신의 사고와 행동을 재구성한다면 단순히 현재의 문제를 해결하는 것을 넘어, 당신이 원하는 삶을 설계하고 스스로를 재발견하게 되는 강력한 경험을 하게 될 것이다. 이제는 새로운 모델링을 구축해야 할 때이다. 그리고 모델링을 통해 생각대로 되지 않는 삶에서 벗어나, 생각대로 되어가는 창조적인 삶을 살아야 할 때이다.

이 책을 통해 당신은 모델링이라는 새로운 사고방식과 접근법을 배우게 될 것이다. 목차에서 보이듯, 우리는 우주 보편의 자연 원리부터 일상의 선택, 개인과 공동체의 창의성, 그리고 성공론과 실패론에 이르기까지 다양한 주제를 통해 모델링의 본질과 실천 방법을 탐구할 것이다. 이 과정을 통해 당신은 단순히 '생각하는 법'을 배우는 것을 넘어, 자신의 생각을 구조화하고 발전시키며 더 나은 삶을 설계할 수 있는 힘을 얻게 될 것이다. 또한 당신은 자신의 삶에 질문을 던지고 답을 찾는 능동적인 창작자가 될 것이다.

이 책은 단순한 이론서가 아니다. 나는 오랜 기간 몸담은 과학계와 반도체 산업의 실무 경험을 바탕으로 생생한 사례와 실천적인 조언을 통해 독자가 자신의 삶에서 직접 적용할 수 있는 방법을 제공하려고 노력했다. 책을 읽는 동안 당신은 '생각의 집'을 건축하는 법을 알게 될 것이다. 그 건축물은 당신이 직면하는 불확실성과 난관 속에서 안전한 피난처이자, 새로운 가능성을 발견하는 실험실이 될 것이다.

내가 독자들에게 제언하고 싶은 것은 한 가지이다. 이 책을 읽으며 단순히 정보를 얻으려 하지 말고, 자신의 삶에 질문을 던지고, 답을 찾기 위한 모델링을 만들어 보는 것이다. 당신의 생각을 관찰하고, 그것을 현실화할 수 있는 구조로 만들어 가는 여정을 통해 당신은 이전보다 더 명확하게 자신의 가능성을 발견하고, 삶의 주도권을 되찾을 수 있을 것이다. 더 나아가 당신은, '우리가 생각해서 해내지 못할 일은 없다!'는 커다란 자신감을 갖게 될 것이다.

 이제, 수백 년간 인류 문명을 이끈 과학자의 사고법을 당신의 것으로 만들 준비가 되었는가? 당신만의 모델링으로 생각의 집을 건축할 준비가 되었는가? 그리고 적극적으로 생각하는 삶을 살 준비가 되었는가? 그렇다면 우리 함께 새로운 생각 여정을 떠나보자.

이 책을 통해 모델링이란 단어가 당신의 입에서 끊임없이 흘러나오길 바라며

― 아이작 유

목차

머리말
생각하고 있는가 생각당하고 있는가?

1 우주는 구라 치지 않는다

오펜하이머가 환호한 이유   19
생각을 잘하는 것이란   21

2 생각을 모델링하는 사람들

모델링은 곧, 가설이다   30
모델링을 잘하는 사람들의 특징   32
실력은 검증된 모델링의 개수에 비례한다   34

3 아담이 한 최초의 일

관찰한다는 것의 본질   43
세계가 확장되다   47
아는 만큼 더 보인다   50
순진한 생각에 빠지지 말기   56

4 학교에서 가르치지 않는 생각의 기술

지식을 얻는 법   64
생각의 집을 짓는 법   67
거인의 어깨 위에 선다는 것   72

5 패러다임 시프트

잘나가다 망하는 기업의 교훈   78
모델링에 균열이 나타날 때   81
두려움을 이기는 상상   83

6 생각이 근심이 되지 않으려면

쇼펜하우어의 메시지   90
확실한 것에 집중하라   94
지식의 저주에 빠지지 않는 확실한 방법   97

7 소설가처럼 생각하는 법

소설가가 생각하는 법   105
소설가의 첫 번째 도구, 관찰   107
소설가의 두 번째 도구, 콘셉트   112
생각을 모델링하는 기술은 모든 분야에 활용된다   115

8 절대 구라 치지 마라

구라가 만들어 낸 비극	124
학계가 구라를 극도로 혐오하는 이유	129
당신의 구라지수는 얼마인가	131
구라지수 설문지	132
점수 해석 및 조언	135

9 성공과 실패는 흔적을 남긴다

성공을 훔쳐라	144
실패를 복기하라	151
일류 도공의 교훈	155

10 번뜩이는 아이디어를 조심하라

번뜩이는 아이디어가 망하는 이유	162
익숙한 낯섦을 추구하라	165

11 생각의 새로운 지평 열기

쇼펜하우어에서 한 발짝 더 나간 들뢰즈	174
떠나라 그리고 만나라	176
메아리 방에서 나오는 법	177
사람을 읽는 독서	180
교육 세미나 참석	181

12 질문할 수 있는 공간의 힘

두려움 있는 조직 187
무지를 인정하라 190
미리 생각할 시간을 가져라 193
말하는 시간만큼 경청하는 시간을 가져라 195

13 유대인들이 기를 쓰고 모이는 이유

시나고그 문화 201
시나고그 문화의 현대적 계승 206
시나고그 문화가 성공하는 이유 208
당신의 시나고그를 찾아라 212

14 인간관계의 모델링

스물일곱 때의 꿈 222
공수래공수거 223

15 눈에 보이지 않는 중요한 것

감정이 보이면 문제가 해결된다 234
자신의 감정을 바라보라 236
감정의 메시지에 반응하라 237

1
우주는 구라 치지 않는다

영화 이야기로 생각에 대한 이야기를 시작해 본다. 크리스토퍼 놀란 감독의 영화 〈오펜하이머〉를 보았는가? 안 보았다면 걱정하지 마시라. 절대로 주요 내용을 스포하지 않겠다. 영화는 제2차 세계 대전 중 미국이 나치 독일보다 먼저 핵무기를 개발하기 위해 진행했던 맨해튼 프로젝트에 대한 이야기이다. 책임자인 오펜하이머를 중심으로 당대 물리학계의 최고 과학자들은 뉴멕시코주의 로스앨러모스에 모여들었다. 그들은 철저한 통제하에 핵무기를 개발했는데 그 기간 중, 오펜하이머의 은사인 닐스 보어 교수가 나치 독일이 점령했던 덴마크에서 탈출해 미국에 입국했다. 닐스 보어 교수는 오펜하이머 그리고 그의 동료들과 이런 말들을 주고받았다.

"하이젠베르크가 코펜하겐에서 날 찾았었네. 이 옛 제자는 나치를 위해서 일하고 있었어. 그는 우라늄의 지속적인 핵분열 이야기도 했지. 그는 중수에 집중하는 것 같았어."

"감속재로요?"

"응, 흑연 대신에 말이야."

그러자 오펜하이머와 그의 동료들은 이 소식에 환호성을 질렀다. 이 반응에 의아해한 닐스 보어 교수는 왜 그러냐고 물었다. 그러자 오펜하이머는 이렇게 답을 했다.

"그가 길을 잘못 든 것 같네요."

감속재란 핵연료인 우라늄(정확히는 우라늄-235)이 핵분열할 때 생성되는 고속 중성자의 속도를 줄여 중성자가 이탈하지 않고 지속적으로 우라늄과 충돌을 해서 연쇄적으로 핵분열을 일으키는 매우 중요한 물질이다. 고속 중성자의 속도를 줄이기 위해서는 가벼운 물질을 써야 하는데 그 후보가 '중수' 또는 '흑연'이었다. 여기서 나치 독일은 중수를 택했고 그 정보를 닐스 보어를 통해 오펜하이머 쪽이 알게 되었던 것이다. 주위에서 쉽게 구할 수 있는 흑연을 택한 오펜하이머 쪽은 인공적으로 합성하는 데 시간 꽤나 걸릴 중수를 선택한 나치 독일이 원자 폭탄을 개발하는 데 애를 먹을 것이라 예상했다. 그래서 환호를 지른 것이었다. 여기서 이 환호를 '오펜하이머의 환호'라고 불러보자.

'오펜하이머의 환호'는 사실 오늘날의 과학 기술 경쟁 속에서도 흔히 찾아볼 수 있다. 나는 디램이라는 반도체 제조업에 종사하고 있다. 2024년 기준으로 당대 최신 개발 제품인 12 나노 디램과 그 이전 세대 제품들의 개발과 양산에 직접적으로 참여를 했다. 세계적으로 디램을 잘 만드는 회사로는 삼성전자와 SK하이닉스 그리고 마이크론이 있다. 나는 여기서 삼성 쪽에서 일한다. 이 세 회사들은 마치 전쟁을 하는 것처럼 정말 치열하게 개발 경쟁력 우위를 확보하고자 노력한다. 그러면서 직간접적으로 경쟁 회사들의 개발 동향에 대해서 기민하게 센싱을 하는데, 리버스 엔지니어링 분석팀을 직접 운영하거나 전문 칩 분석 업체의 도움을 받거나 인력 영입을 통하거나 기술 관련 회사들과의 교류를 통해 얻는 등 정말 다양한 방식으로 경쟁사의 기술 동향을 파악한다. 각 회사의 개발 쪽에서는 다음과 같은 말들이 오가며 오펜하이머의 환호를 지른다.

"어라, 저쪽은 유전 물질로 이것을 쓰고 있네. 우리도 이미 수차례 평가를 했지만 특성적인 이득보다 불량률과 원가 관점에서 손해가 클 텐데."

"저쪽은 게이트 두께가 우리보다 많이 두껍게 디자인했네? 당장 수율적으로 문제가 없겠지만 나중에 고성능 수요처에서는 동작 속도가 많이 뒤처질 텐데."

"저쪽은 특정 모듈 구조의 산포가 많이 좋지 않구나. 아마도 설비 능력 부족성이 아닐까? 이를 극복하기 위한 공정 개수도 더 많을 것 같은데, 수율 올리는 것뿐만 아니라 향후 원가 경쟁력 관점에서 몇 개월은 뒤처지겠구나."

물론 경쟁사가 앞서 있는 경우에는 환호가 아닌 두려움이 엄습해 올 수 있다.

"우리가 해결 못 하고 있는 수직 구조 산포 이슈를 저쪽은 어떻게 해결했을까? 마스크 레이어의 문제일까? 식각 공정 능력의 문제일까? 빨리 캐치업하지 못한다면 여기서 수율 격차는 더 벌어질 텐데…."

오펜하이머가 환호한 이유

그런데 말이다. 우리가 '오펜하이머의 환호'를 할 수 있는 배경은 뭘까? 나는 자신 있게 그 이유를 말할 수 있다. 그것은 바로 '우리가 사는 우주가 구라 치지 않기 때문이다.'. 우리가 사는 우주에는 '인과법칙'이라는 보편의 법칙이 작동한다. 인과법칙은 미국에서만 작동하고 한국에서는 작동하지 않는 등 불공평하게 돌아가지 않는다. 언제 어디서나 인과법칙은 정확하게 작동할 뿐이다. 만약 원인과 조건이 동일하다면 이 보편 법칙에 의해 똑같은 결과를 얻게 되고, 반대로 만약 원인과 조건이 동일하지 않다면 똑같은 결과를 얻을 순 없다. 오펜하이머의 환호는 원인과 조건에 대한 현상을 근거로 인과적인 결과를 예측함에서 비롯된 것이다.

방금 전 나는 "우리가 사는 우주는 구라 치지 않는다."고 말했다. 20대 시절 인과법칙에 대해 내가 나의 언어로 인식한 말이었다. 이 문장은 이 책의 주제인 '생각하는 법'에 있어 핵심적인 메시지 중 하나다. 당시 나는 카이스트에서 박사 연구를 하고 있었다. 박사 과정 초기에 다른 친구들 대비 나의 연구 실적은 매우 좋지 못했다. 이런저런 아이디어를 가지고 실험을 해보았지만 늘 예상했던 결과를 얻지 못했다. 생각대로 되지 않는 현실에 그리고 시간이 지날수록 남과 비교되는 현실에 난 좌절했다. 슬럼프에 빠진 나에게 지도 교수님이 찾아왔고 연구동 주위를 걸으며 우리는 대화를 했다. 그때 지도 교수님은 이런 말씀을 해주셨다.

"나는 사람이 생각해서 풀지 못할 문제는 없다고 생각해. 다르게 말한다면 문제를 풀 수 없다면 그것은 잘 생각하지 못했기 때문일 거야. 생각하면 반드시 길을 찾게 될 거야."

확신에 찬 교수님의 조언은 당시 내게 꼭 필요한 말이었다. 교수님에 따르면 좋은 연구 논문을 쓴 사람들은 유전적으로 더 특별한 사람이 아니었다. 그저 나와 동일한 사람들이었다. 그들이 좋은 연구 결과를 얻을 수 있었던 것은 그들이 좋은 연구 결과를 얻을 수 있는 생각을 했기 때문이었다. 나는 교수님의 말을 계속 곱씹었고 그의 말을 '인과법칙'과 연결 지어 생각했다. 그리고 난 각성했다. 그리고 외쳤다.

"우주는 구라 치지 않는다."

생각을 잘하는 것이란

이후 나는 구라 치지 않는 우주 속에서 생각을 잘하는 사람이 되고 싶었다. 그런데 생각을 잘하는 것은 무엇일까? 나는 이 궁금증을 해소하기 위해 과학 철학 서적을 탐독했다. 이 탐구의 종착지는 과학 철학자 칼 포퍼였다. 칼 포퍼의 책들을 읽으며 나는 과학이란 결국 인과법칙으로 이루어진 지식을 발견하는 철학이라는 것을 알았다. 인과법칙을 공식으로 표현하자면 'A (원인/조건) → B (결과)'로 나타낼 수 있다. 그런데 말이다. 우리 인간은 전지전능한 신이 아니므로 'A → B'라는 지식이 진짜 참인지 아니면 거짓인지를 확정 지을 수 없다. 따라서 인간은 참일 가능성이 높은 'A → B'라는 지식 후보 곧, '가설'을 던지고 그 가설을 실험이나 평가를 통해 검증해야만 한다. 이를 칼 포퍼는 '연역적 가설 탐구'라고 불렀고 연역적 가설 탐구를 하는 것을 바로 과학이라 말했다. 그런데 여기서 난 또 궁금했다. 가설이란 'A이면 B일 것이다.', '만약 A라면 어떨까? B가 되지 않을까?'라는 잠정적 지식 후보인데, 왜 칼 포퍼는 수많은 수식어들 중에서 '연역적'이란 수식어를 붙였을까? 가설은 맞을 수도, 틀릴 수도 있는 법이다. 그런데 연역적이란 말은 논리적으로 전제 A가 참이면 반드시 결론 B가 참이어야만 한다. 당시 나는 '연역적'이란 말과 '가설'이란 말이 서로 어울리지 않는다고 생각했다. 그런 관점에서 나는 도대체 무엇이 '가설'을 '연역적'으로 보이게 만드는가에 대해 궁금했다. 그래서 난 '과학이란 무엇인가.'류의 책들을 계속 파헤쳤고 많은 책들에서 공통적으로 발견되는 한 가지 사실을 발견했다.

그것은 바로 가설을 설정하기 전에 '관찰'이라는 과정이 선행되어야 한다는 것이다. 현상에 대한 정확한 관찰, 기존 이론/지식/논문/문헌에 대한 정확한 관찰이 선행될 때, 비로소 학자가 정말로 연역에 가까운 가설을 던질 수 있다는 것이다. 예를 들어 아인슈타인은 1915년 중력에 의해 시공간이 휜다는 일반상대성이론을 발표했는데 앞쪽에 중력이 큰 무거운 별이 있다면 뒤쪽의 별빛이 앞쪽 별의 중력에 의해 휘어서 별의 위치가 다르게 보일 것이라는 가설을 던졌다. 당시 어느 누구도 들어본 적이 없는 가설이었다. 하지만 시공간에 대해 정확히 꿰뚫어 보고 있는 아인슈타인의 가설에 대해 사람들은 무시하거나 가볍게 보지 않았고 연역적으로 진짜일 거라 믿고 그의 가설을 증명하고자 했다. 그리고 결국 천문학자들은 1919년 개기일식 때 그의 가설을 증명하는 데 성공했다. 선배 과학자들은 말한다.

"아무 가설이나 생각 없이 막 던지지 마라!"
"현재 알고 있는 이론과 현재 벌어지는 현상에 대해서 제대로 관찰한 뒤 연역적 가설을 던져보아라!"

선배 과학자들의 한 가지 당부는 바로 '관찰'이다. 관찰은 연역적 가설을 수립하는 데 돕고, 탐구하고자 하는 지식의 질과 수준을 결정할 정도로 중요하다. 다시 정리하자면, 칼 포퍼가 말한 대로 연역적 가설을 던지고 증명하는 것이 바로 과학이며, 관찰을 기반으로 연역적 가설을 던질 줄 알고 이것을 구라 치지 않는 우주 속에서 증명해 낼 수 있는 것이 바로 생각을 잘하는 사람이 되는 것이다. 사실 이것이 내가 박사 과정에서 배운 가장 값진 것이다.

깨달음 이후 나의 연구 활동은 질적으로 완전히 바뀌었다. 먼저 매일 읽는 논문들이 다르게 읽히기 시작했다. 나는 논문의 핵심 가설 곧, 저자의 생각이 무엇이고 그것을 저자가 어떻게 검증을 했는지를 파악했다. 그리고 그 저자가 그 생각을 하기 위해 어떤 증명된 가설들을 근거로 사용했는지를 파악했다. 기존에는 내용 위주의 논문 읽기를 했다면 깨달음 이후에는 생각 위주의 논문 읽기를 했다. 그렇게 논문을 읽고 시간이 지나자 생각들이 구조화되기 시작했다. 물리학자 리처드 파인만은 과학이란 증명된 가설 곧, 사실들을 가지고 지식의 체계를 구축하는 방법이라고 말했는데, 내가 읽은 논문의 가설들이 구조화되자 '파인만이 말한 과학을 지금 내가 하고 있구나.'라고 느꼈다. 또한 아이작 뉴턴은 "거인의 어깨에 올라서서 더 넓은 세상을 바라보라."고 말했는데 내가 어떤 생각들 위에 서 있는지, 어떤 저자들의 위에 서 있는지 현재 나의 위치를 알게 되었다. 거인들의 어깨 위에서 나는 당시 내 인생 어느 때보다도 연역적인 가설들을 더 많이 던지기 시작했다. 그리고 구라 치지 않는 우주 속에서 실험을 통해 그 가설들을 검증했다. 내 딴에는 아무리 연역적이라 생각했던 가설들이 실험을 하자 오류로 판명된 적도 수도 없었다. 하지만 그럴 때마다 나는 구라 치지 않는 우주가 있는 그대로 즉시 피드백을 주고 있다고 생각했다. 마치 우주가 '내가 생각해 봐도 안 되는 것 같아!' '다시 생각해 볼래?'라고 속삭이는 듯했다. 나는 실험 결과를 있는 그대로 세세하게 관찰해서 기록했고 그 관찰을 기초로 검증되지 않은 가설을 수정했다. 나는 그 수정된 가설들을 들고 구라 치지 않는 우주에게 다시 다가갔고 우린 최고의 파트너십 속에서 사람들에게 도움이 될 가설들을 검증해 냈다. 이를 통해 나는 박사 과정 말미에 매년 세 편 수준의 좋은 논문들을 쓸 수 있었고 무사히 박사 과정을 마무리했다. 한때 나는 '박사라는 옷이 내게 맞지 않아!'라고 생각했다. 그런데 졸업할 때가 되니, 친구들로부터 "제법 박사답네."라는 말을 들었다.

우리의 과제는 아무도 보지 못한 것을 보는 것이 아니라, 모두가 보고 있는 것에 대해 아무도 생각하지 않은 것을 생각하는 것이다.

The task is not so much to see what no one has yet seen, but to think what nobody has yet thought about that which everybody sees.

— 에르빈 슈뢰딩거(1933년, 노벨물리학)

2 생각을 모델링하는 사람들

박사 이후 나는 미국 미시간대학교 연구실에서 일하다 다시 한국으로 넘어와 삼성에서 반도체 일을 지금까지 하고 있다. 처음 삼성에서 일을 시작할 때 나는 한 가지가 궁금했다. 그것은 10년 가까이 학계에서 내가 갈고닦았던 한 가지 생각의 기술 즉, '연역적 가설 탐구'가 현업에서도 통할 것인가의 여부였다.

나는 반도체 회사 내에서 돌아다니는 모든 메일을 샅샅이 살펴보았다. 삼성이 반도체 글로벌 선두 기업 중 하나이며 반도체업이란 최신 과학과 공학 지식의 종합 예술이라는 말을 들었기에 나는 가설과 검증이란 용어를 자주 볼 줄 알았다. 그런데 '가설'이란 단어를 찾아볼 수 없었다. 회의 때에도 가설이란 말은 거의 들어보지 못했다. 순간 '아니 과학/공학 기술 회사인데 과학적으로 일을 하지 않는 건가?'라는 의구심이 들었다. 그러면서도 결국 제품을 제대로 개발하고 양산을 하기 위해서는 반드시 과학적으로 일을 하지 않으면 안 될 거라 생각했다. 표현만 다르지 분명 '가설과 검증'이라는 과학적 방법이 업무 문화에 녹아져 있을 거라 나는 추측했다. 가설과 검증의 존재를 찾아낸 것은 그리 오래 걸리지 않았다. 회의에 참석하다 보니 계속해서 반복되는 한 가지 단어가 있었다. 바로 '모델링'이란 말이다. 예를 들어 다음과 같은 상황에서 모델링이란 단어가 널리 사용되고 있었다.

"이 불량 현상에 대한 모델링이 뭔가요?"
"다음 회의 때는 관련 부서들과 미리 조율해서 모델링과 대책 수립 부탁드립니다."
"처음 경험하는 신제품 불량으로 아직 정확히는 모릅니다. 그나마 현재 확인된 현상을 근거로 세 가지 모델링하였고 각각 모델링 검증하여 발표하겠습니다."
"모델링 재현성 검증 결과 나왔나요?"
"모델링 검증이 되었으니 지난주 Quick Fix 개선 조치는 계속 Working할 것으로 판단됩니다."

모델링이란 낯선 단어가 반복적으로 들렸지만, 뭔가 낯이 익었다. 나는 모델링의 단어를 가설로 바꿔보았고 그 의미가 동일하다는 것을 파악했다. 삼성에선 '가설'을 '모델링'이라고 부르고 '가설을 세운다.'를 '모델링을 세운다.' 또는 '모델링한다.'라고 부르고 있었다. 자연스럽게 나는 왜 모델링이라 부르는 걸까 궁금했다. 이 사람 저 사람에게 물어봤지만 "그냥 계속 그렇게 사용해 왔다."는 답만을 얻었고 정확한 출처를 얻지 못했다. 그래서 인터넷으로 확인 가능한 모델링에 대한 61가지 정의를 모두 확인해 보았다.

모델링은 곧, 가설이다

　일반적으로 미술에서 석고상, 모형을 만드는 것을 모델링한다고 부른다. 그 파생의 형태로 3차원 물체를 컴퓨터로 그려낼 때도 모델링한다고 한다. 또한 음향에서 수학적 공식을 활용하여 실제 음을 컴퓨터로 구현해 낼 때 모델링한다고 하며, 시뮬레이션 쪽에선 시뮬레이션하는 실제 대상의 특징을 최대한 가깝게 나타낼 수 있도록 각종 요소와 물리적, 수학적, 논리적 표현을 구현하는 것을 모델링이라고 한다. 그리고 '모델링한다.'는 것은 실제와 닮게 만드는 것이다. 이렇게 모델링에 대한 정의를 읽다 보니 모델링이 충분히 과학, 공학에서 사용되는 가설과 일맥상통한다고 느껴졌다. 가설 즉, 연역적 가설이란 연역적 형식을 가지는 참에 가까운 증명해야 할 명제이다. 마찬가지로 모델링이란 실제와 최대한 가까운 물리적/가상적 모형 또는 그 모형을 만드는 것을 의미한다. 결국 가설은 모델링이고 모델링은 가설이라 봐도 무방하다.

　더 나아가 다른 곳에서는 가설 또는 모델링을 어떻게 부르는지 난 또 궁금해졌다. 방금 언급한 바와 같이 컴퓨터 공학에서는 모델링을 '시뮬레이션'과 혼용해서 사용한다. 경제/경영 분야에서는 '시나리오'라는 단어가 자주 사용된다. 어떤 원인적인 조건 또는 상황에서 어떤 결과가 나타난다 또는 나타났다는 개연성 높은 가설을 시나리오라고 부르고 있다. 설계/디자인 분야에서는 '디자인'이란 단어가 등장한다. 어떤 요소 또는 조건이 반영되어 있어 원하는 효과 또는 결과물을 얻을 수 있도록 하는 것을 디자인이라고 부른다. 가설을 세우고 가설을 실험하고 검증하듯이, 모델링과 시뮬레이션, 시나리오와 디자인 모두 평가되고 검증된다. 종합해 보면, 가설이란 말은 분야에 따라 모델링, 시뮬레이션, 시나리오, 디자인이란 다양한 단어로 쓰이고 있다.

나는 구라 치지 않는 우주 속에서 가설 곧, 우리의 생각을 제대로 세우고 검증하여 생각대로 되게 만드는 일체의 방법들을 말하려 한다. 나는 이 책을 쓰면서 가설이란 말을 책 전체에 걸쳐 어떻게 표기할지 고민을 많이 했다. 내 생각에, 가설은 너무 과학적이라 대중적이지 않을 것 같았고, 디자인은 너무 예술적이라 마찬가지로 대중적이지 않을 것 같았다. 시뮬레이션은 너무 가상적이며 매우 특수한 분야의 언어처럼 느껴졌고, 시나리오는 너무 문학적으로 다가왔다. 내게 가장 대중적으로 느껴졌고 중립적으로 느껴진 단어는 모델링이었다. 또한 오랜 기간 직장에서 일하면서 정말 귀에 못이 박히도록 모델링이란 말을 듣다 보니 모델링이란 단어가 내게 친숙하게 느껴졌다. 그래서 지금부터는 가설이란 의미의 단어들을 모델링으로 대표하여 표현하고자 한다.

모델링을 잘하는 사람들의 특징

말이 길었다. 다시 이 장의 본론으로 돌아가자. 내가 과학자로서 갈고 닦았던 생각의 기술인 연역적 가설 탐구는 현업에서 모델링이라는 이름으로 완전히 통하고 있었다. 학계에서 연역적 가설을 던지고 이를 잘 증명하는 자가 실력이 있는 사람이듯, 직장에선 모델링을 잘하는 사람 그리고 이를 검증하여 유용한 지식과 문제 해결력을 얻는 자가 뛰어난 사람이었다.

예를 들어, 리더인 두 사람 에이스와 베스트가 있다. 두 사람은 평소 이렇게 말을 한다. 먼저, 에이스는 이렇게 말한다.

"갑자기 제품에 불량이 발생해서 개발 일정에 차질이 생겼습니다. 바로 유관 부서 회의 진행하겠습니다."
"우리 조직력 점수가 휴우… 결국 작년과 똑같이 하위권이네요. 도대체 뭘 해야 될까요?"
"금년도에도 작년과 마찬가지로 경영 목표 수준의 20% 상향된 도전 목표를 달성해야 합니다. 각 업무 담당자별로 목표 상향 조정 부탁드립니다."

반면, 베스트는 이렇게 말한다.

"불량률 3% 수준의 이슈가 어제 자부터 발생 중입니다. 비트라인이 비정상적으로 연결되는 전기적 속성으로 비트라인 모듈과 메탈라인 모듈의 변경점 우선 파악했고 소재 변경점과 신규 설비 확산 변경점 추정 혐의로 해당 유관 부서 긴급 원인 점검 중이며, 불량 상세 분석 결과 곧 나오는 대로 매칭해 보겠습니다."
"우리 조직력 점수가 아쉽지만 작년과 똑같이 하위권이네요. 나름 금년도에는 작년에 해보지 않은 행사도 기획했지만 그게 중요한 건 아니었네요. 결국 업무의 질적인 측면에서 부서원들이 만족할 만한 대책이 나와야 할 것 같습니다."
"금년도에도 경영 목표의 20% 상향 수준으로 도전 목표 달성해야 합니다. 작년 가장 어려웠던 측면이 바로 원가 경쟁력이었어요. 각 부분별로 목표 상향하고 전략을 수립하되, 특별히 원가 경쟁력 부분은 작년도에 잘 안된 이유 파악하고 그 대책을 포함시킵시다."

누가 더 일을 잘하는 것 같은가? 누가 봐도 베스트이며 그 이유는 모델링 역량의 차이이다. 에이스는 확인된 현상에만 머물러 있는 메시지를 전달하고 있지만 베스트는 그 현상을 넘어 '무엇을 할 때 어떤 결과를 얻을 것'이란 모델링을 포함하여 업무의 방향성을 제시하는 메시지를 전달하고 있다. 경험적으로 볼 때, 사람들은 견고한 모델링을 세우는 사람들을 신뢰하고 의지한다. 모델링을 잘하는 사람들은 겉보기에 마치 자기가 생각한 대로 일이 술술 풀리는 것처럼 보인다. 그리고 보통 사람들의 역량은 좀 더 연역적으로 보이는 모델링을 수립하는 방향으로 발전한다. 저연차와 고연차의 가장 큰 역량 차이는 무엇인가? 바로 모델링이다. 저연차는 경험이 부족하기 때문에 그들의 모델링은 적중률이 낮은 편이다. 반면 산전수전 겪어본 고연차는 더 확률 높은 모델링을 가지고 일을 원하는 방향으로 되게 만든다.

실력은 검증된 모델링의 개수에 비례한다

칼 포퍼가 말했듯 우리 인간은 '연역(진리)' 그 자체의 모델링을 던지는 사람들이 아니라 '연역적인(그래서 검증해야 할)' 모델링을 던지는 사람들이다. 그래서 모델링은 언제든 틀릴 수 있다. 그럼에도 불구하고 연역적인 모델링을 계속 던지고, 그것을 검증하기를 포기하지 않는 자는 결국 새로운 값진 지식(검증된 모델링)을 확보하고 발전한다. 오랜 기간 직장 생활을 하며 나는 실력 있는 자들을 관찰해 왔다. 이를 통해 한 가지 경험적 진리를 발견했는데 그것은 바로 '실력은 검증된 모델링의 개수에 비례한다.'는 것이다. 검증된 모델링은 언젠가 반례가 등장하기 전까지 흔들리지 않는 진리의 반석과도 같다. 검증된 모델링이 많다는 것은 곧 탄탄한 지식 체계를 갖추고 있다는 것이다. 그리고 검증된 모델링을 많이 갖추고 있는 자는 그 지식 체계를 기반으로 고도화된 사고를 해낼 수 있다. 그렇다면 누가 검증된 모델링을 많이 갖춘 실력자가 될 수 있는가? 바로 모델링을 잘하는 사람들이다. 나는 그런 사람들을 이렇게 부른다.

"생각을 모델링하는 사람들!"

다음은 내가 사는 지역에서 대박 난 중국집 이야기이다. 점심 오후 시간만 영업하며 재료 소진까지 30분 정도의 줄이 항상 대기하고 있다. 이 중국집이 처음부터 잘된 것은 아니었다. 처음 사장님은 이른바 '파리 날리는 경험'으로 마음고생을 꽤나 했다. 다른 가게들과의 경쟁에 치이고, 재료비에, 인건비에, 월세 내고 나면 별로 남는 것이 없었다. 가장 근본적인 문제는 손님이 적다는 것이었고 이대로 가다가는 폐업 수순을 밟을 것이 눈에 선했다. 사장님은 절박하게 대책을 마련해야 했다. 그는 어떻게든 손님들만 많이 찾아오게 만들면 매출도 증가하고 대량으로 재료를 구매하면 매출 대비 재료비 비중을 줄일 수 있어 마진을 올리고 이익을 높일 수 있을 것이라 모델링했다. 문제는 손님을 어떻게 확보할 것인가였다. 사장님이 보기에 손님들은 음식이 비교할 수 없을 정도로 맛있는 경우나 그것이 아니라면 동일한 맛에 가격이 낮거나 할 때 많이 찾아올 것이라 생각했다. 먼저 그는 자신이 만든 중국 요리가 기가 막히게 맛있는 건 아니지만 그렇다고 맛이 없지는 않다고 생각했다. 따라서 그는 가격을 낮출 때 손님들은 늘어날 것이라 모델링을 했고 이를 '반값 정책'이라고 불렀다. 사장님은 정말 파격적으로 가격을 낮추었다. '홀에서 드시면 무엇이

든 반값!' 24,000원 했던 탕수육이 12,000원이 되었다. 9,500원 했던 짬뽕, 간짜장이 5,000원이 되었다. 이 소식이 사람들에게 금세 소문이 났다. 영업 시작 30분 전부터 사람들이 대기하는 현상이 시작되었다. 오히려 손님들이 "가격이 이래서 남는 게 있나요?" 하며 사장님을 걱정했다. 하지만 가게는 정말 잘되었다. 손님들이 폭발적으로 늘자 배달 주문량(배달은 기존 가격과 동일함) 또한 덩달아 급증했다. 매출 대비 재료비 비중이 낮아졌고 가족이 가게 운영을 시작해서 인건비 문제도 해결하여, '반값 정책'으로 인한 마진 감소를 대부분 커버해 냈다. 이 중국집 사장님은 생각을 모델링하는 사람이었다. 그는 현상을 제대로 분석해서 연역적인 모델링을 세웠고 모델링을 검증하여 시스템으로 돌리자 큰 성공을 거두었다.

생각을 모델링하는 사람들은 사회 곳곳 어디에나 있다. 기업 경영뿐만 아니라 스포츠 코칭, 순수/응용 예술, 사회/정책/교육, 공학/과학 등 모든 분야에서 이름을 빛낸 그리고 빛내고 있는 사람들은 거의 대부분 생각을 모델링하는 사람들이다. 단적인 예로 전 세계 축구 리그 중 구단들이 가장 치열하게 경쟁을 하는 곳은 바로 영국 프리미어리그이다. 이곳은 구단주가 돈이 많다고 해서, 몸값 높은 선수들이 많다고 해서 우승할 수 있는 곳이 아니다. 이곳에서 살아남고 우승하는 팀에는 공통점이 있는데 이름만 대도 누구나 아는 명장들이 있다는 것이다. 맨체스터 시티의 감독 펩 과르디올라는 '각 포지션별로 단 한 사람의 수적 우위를 만들면 더 많은 볼의 소유와 더 효율적인 공간 침투를 해낼 수 있지 않을까?'라는 '포지션 플레이'라는 모델링을 가지고 프리미어리그에 상륙했다. 그리고 그는 부임한 지 일곱 시즌 동안 다섯 번의 리그 우승을 했고 챔피언스리그 1회 우승을 했다. 그의 라이벌인 리버풀의 감독 위르겐 클롭은 '강력한 전방 압박을 하면 어떨까? 그럼 상대 팀에 균열을 만들고 그 틈을 파고들어 빠르고 치명적인 역습을 할 수 있지 않을까?'라는 '게겐프레싱'이란 모델링을 들고 프리미어리그에 왔다. 그리고 그는 리버풀 구단 최초 프리미어리그 우승과 챔피언스리그 1회 우승을 달성했다.

  이와 같이 생각을 모델링하는 사람들은 연역적인 모델링을 기반으로 사람들이 나아갈 방향을 제시하고 그 방법을 실행해 내는 리더십을 발휘한다. 생각을 모델링하는 사람들은 그들의 분야에서 일어난 그리고 일어나고 있는 현상들을 제대로 관찰하는 자이며 그 관찰을 기반으로 독창적인 모델링을 던지고 그 모델링을 검증하는 자들이다. 겉으로 화려하게 보이는 그들의 성공의 이면에는 반드시 보이지 않지만 검증된 모델링이 존재하고 있다. 구라 치지 않는 이 우주 속에 이유 없는 성공은 없기 때문이다. 중국집 사장님의 '반값 정책', 펩 과르디올라의 '포지션 플레이', 위르겐 클롭의 '게겐프레싱'과 같이 생각을 모델링하는 사람들은 자신의 모델링에 별명을 붙여주기도 한다. 생각을 모델링하는 사람들은 이러한 확실한 모델링을 가지고 있기 때문에 담대하게 그리고 추진력 있게 일을 해낸다. 그리고 동시에 확실한 모델링을 가지고 있기에 사람들은 그들의 생각과 말을 신뢰

한다.

과학에서 가장 중요한 것은 본질을 향한 강한 호기심이다.

The most important thing in science is a burning curiosity about the way things are.

― 윌리엄 로런스 브래그(1915년, 노벨물리학)

3
아담이 한 최초의 일

앞서 현상에 대한 정확한 관찰, 기존 이론/지식/논문/문헌에 대한 정확한 관찰이 선행될 때, 연역적인 모델링, 진짜에 가까운 생각을 해낼 수 있다고 언급했다. 사실 나는 전에 출간했던 책들을 통해서 관찰에 대한 이야기를 많이 했다. '어떻게 깊이 있게 관찰할 수 있는가?' '어떻게 낯설게 바라볼 수 있겠는가?' 등등의 말들을 많이 했다. 하지만, 나는 중요하다고 말해왔던 관찰의 핵심 본질에 대해 정말 목이 말랐다. 그 답을 찾고자 나는 오랜 기간 역사적으로 오래된 문헌들을 찾아다녔고 나의 목마름을 한 방에 해소시킨 글을 발견했다. 그건 《구약성경》의 모세오경 중 하나인 창세기였다. 창세기에는 신이 세상을 창조한 이후 첫 번째 인간 아담이 가장 처음으로 한 일에 대한 이야기가 등장한다. 궁금하지 않은가?

"여호와 하나님이 흙으로 각종 들짐승과 공중의 각종 새를 지으시고 아담이 무엇이라고 부르나 보시려고 그것들을 그에게로 이끌어 가시니 아담이 각 생물을 부르는 것이 곧 그 이름이 되었더라. 아담이 모든 가축과 공중의 새와 들의 모든 짐승에게 이름을 주니라."

최초의 인간의 최초의 일은 바로 생물들의 이름을 지어주는 일이었다. 창세기에 따르면 신은 자신이 생물을 창조한 다음, 인간에게 이건 뭐야, 저건 뭐야 하고 가르쳐 주지 않았다. 신은 그저 아담에게 생물들을 데려갔고, 아담은 모든 생물들의 이름을 지어주었다. 여기서 나는 다음 질문들이 떠올랐다. 아담은 어떻게 생물들의 이름을 지었을까? 여기서부터는 상상의 영역이다. 내 상상에 갑자기 생물들을 보자마자 아담의 머릿속에 막 이름들이 떠오르지는 않았을 것 같다. 아담이 우리와 같았다면, 아마도 그는 한 생물의 이름을 지어주기 전에 그 생물에 대해서 제대로 관찰했을 것 같다. 예를 들자면, 이 녀석은 철갑을 두른 것 같은 상어니까 '철갑상어?' 어라, 이 녀석은 그저께 이름 붙인 독수리처럼 생겼는데 머리가 대머리니까 '대머리독수리?' 뭐 이러지 않았을까 싶다.

관찰한다는 것의 본질

이런 생각을 하니 어쩌면 인류 최초의 일은 '생물들 이름 짓기'가 아니라 '생물들 관찰하기'가 아니었을까 하는 생각을 하게 됐다. 그리고 이름을 짓는다는 것은 어떤 대상을 정의하는 작업이기에 결국 '관찰'한다는 것의 본질은 '무엇을 무엇이라고 정의하는 것' 안에 있다고 나는 생각했다. 우리가 매일의 일상 속에서 던지는 질문들 "그게 뭐지?" "이게 뭐지?" "무엇이 일어나고 있지?"와 같은 질문들 속에 관찰은 내포되어 있었다. 이것을 깨닫고 나니, 앞으로 관찰을 어떻게 할지 그리고 어떻게 잘할 수 있을지가 너무나도 명확해졌다. 바로 아담처럼 이름 짓기를 하는 것! 끊임없이 무엇이 무엇이냐고 묻고 그 무엇을 말해보는 것이다. 그러면 자연스럽게 제대로 된 관찰을 하게 된다.

하나의 예를 들자면, 나는 작가로 거의 매년 한 권의 책을 꾸준히 출간했다. 그런데 2023년 크게 슬럼프에 빠져버렸다. 글쓰기가 더 이상 재밌지 않고 창의력과 영감의 수준은 바닥을 치고 있는 것 같았다. 이 심각한 상황에서 빠져나오고 싶었다. 하지만 이를 위한 어떠한 모델링도 생각이 나지 않았다. 내가 할 수 있었던 것은 그저 나 자신에게 하나하나 물었던 것이다. 나는 다음과 같이 계속해서 '무엇?' 질문들을 물었다.

"나는 무엇을 쓰고 있는가?"
"그것을 쓸 때 드는 느낌은 뭔가?"
"예전과 달라진 것은 무엇인가?"
"지금도 꾸준히 글을 쓰는 목적은 무엇인가?"

"글쓰기란 내게 무엇인가?"

"책쓰기란 내게 무엇인가?"

"글쓰기는 내게 어떤 즐거움을 주는가?"

"작가 활동을 한다는 건 나에게 어떤 의미를 지니는가?"

"무엇이 나를 작가로 만들었는가?"

"돈을 벌지 못한 대로 글을 쓰고 있다면 그 동기는 무엇일까?"

이러한 질문들을 통해 나는 나 자신에 대해 정말 세밀하게 관찰하게 되었다. 그리고 그 과정에서 내가 처음 작가를 준비했을 때 글쓰기 과정에 초점을 맞추었던 것과 달리 지금은 책쓰기라는 결과에 큰 초점을 맞추고 있다는 것을 발견했다. 또한 내가 글쓰기가 주는 행복감에 만족해하지 않고 베스트셀러, 유명 작가가 되어 인정받고 돈 많이 버는 것을 좇고 있다는 것을 발견했다. 이러한 관찰을 배경으로 나는 생각했다.

'다시 글을 쓴다는 것 그 자체로만 만족하고, 책을 쓰기 위해서 써야만 하는 글쓰기가 아닌 정말 말하고 싶은 글쓰기를 회복한다면, 슬럼프는 반드시 극복할 수 있을 거야. 그리고 자연스럽게 내가 원하는 것은 뒤따라올 거야.'

나는 이 모델링을 믿고 원래 가지고 있던 출간 계획을 완전히 중단했다. 그리고 6개월 동안, 아무런 계획 없이 내가 원하는 글을 자유롭게 쓰고 내가 원하는 책을 두서없이 읽고 생각하며 시간을 보냈다. 내가 처음 본격적으로 작가 활동을 시작했을 때가 생각났다. 당시 나는 일상 속에서 재미난 것을 발견하면 난 그 자리에서 즉흥적으로 그것에 대해서 묘사하는 습작 글들을 써보곤 했다. 나는 다시 내 마음속에 일어나는 생각들과 내 일상 속에 나타나는 흥미로운 현상에 대해 즉흥적으로 자유롭게 글을 쓰기 시작했다. 내 글들의 방향이 어디로 나를 이끄는지 알 수 없었다. 하지만 내 두 손에 완전히 맡겼다. 내 두 손은 분명 내가 원하는 글을 내게 보여줄 것이라고 믿으면서 말이다. 그렇게 6개월의 시간을 보냈다. 그러자 타이핑을 두드릴 때 경쾌하고 행복한 리듬감이 되살아났다. 이건 느낌적인 느낌인데, 마치 재즈 피아니스트가 악보 없이 즉흥적으로 자신의 마음을 연주하는 듯한 느낌을 받았다. 내 두 손의 모든 손가락들이 내 마음속에 있는 것을 정확히 알고 있는 듯했고 내 손가락들은 피아노 건반을 두드리듯 경쾌한 리듬감으로 내가 말하고 싶은 모든 것들을 끄집어냈다. 난 다시 글을 쓰는 과정에서 커다란 행복을 느낄 수 있었다. 그리고 슬럼프를 극복했다.

"무엇이 무엇인가?"의 질문은 정말 너무나도 간단하고 쉬운 질문이다. 그런데 일상 속에서 사람들을 관찰해 보면, 사람들은 이 쉬운 질문을 그렇게 자주 사용하지 않는다. 때로는 모르는 것을 들키고 싶지 않기 때문에, 때로는 귀찮고 익숙하지 않기 때문에, 때로는 너무나도 당연해 보이기 때문에, 우리는 그것을 묻지 않는다. 나는 내 두 눈으로 직접 포착해 낸 바로 이 현상이, 사람들이 새로운 생각보다는 익숙한 생각에 있길 좋아하고 그로 인해 더 좋은, 더 나은, 더 확장된, 더 창의적인 생각을 끌어당기지 못하는 이유라고 생각한다. '이게 무엇인가?'를 말하는 것 곧, 무언가를 정의하는 작업은 생각의 재료를 모아가는 매우 중요한 작업이다. 이 세상에 존재하는 위대한 철학들은 모두 누군가에 의해 새롭게 정의된 개념과 개념들이 연결되어 만들어졌다. 만약 당신이 더 많은 생각들을 하고 싶다면, 당신은 더 많이 "이게 뭔가?" "저게 뭔가?" "이것들이 다 무엇인가?" "지금 일어나는 것이 무엇인가?"를 묻고 그 답들을 모아야 한다. 나는 당신이 호기심을 가지고 이 질문을 던지길 바란다. 또한 호기심이 없더라도 일부러라도 이 질문을 던지길 호소한다. 이 질문에 대한 답들은 당신이 위대한 생각의 집을 짓는 데 반드시 필요한 재료가 될 것이다. 반대로 만약 당신이 그 질문을 던지지 않는다면 당신은 늘 같은 것을 같은 관점으로만 바라보게 될 것이다. 그 결과 늘 같은 생각들의 반복 패턴을 경험하게 될 것이다.

세계가 확장되다

한편 "무엇이 무엇인가?"의 질문은 당신의 세계관을 확장해 주는 질문이라고 난 말하고 싶다.

우리는 언어를 떠날 수 있을까? 언어를 떠나서 고차원적인 생각과 일을 해낼 수 있을까? 귀납적인 접근이긴 하지만 난 스스로 몇 시간이고 언어를 전혀 떠올리지 않고 생각을 할 수 있는지를 실험해 보았다. 마치 스스로를 고문하는 것 같았다. 정말 답답해 미치는 줄 알았다. 실험 결과, 내가 언어의 도움 없이는 제대로 된 생각을 할 수 없다는 것을 발견했다. 아마 당신도 같은 실험을 해보면 동일한 결과를 얻을 것이라 생각한다. 일찍이 돌아가신 위대한 철학자들 중에는 이와 비슷한 생각을 했고 다음과 같은 말을 남겼다. 조지 오웰은 "언어 없이는 생각할 수 없다."고 말했다. 루트비히 비트겐슈타인은 "내 언어의 한계는 내 세계의 한계이다."고 말했다. 이와 같이 우리는 언어를 떠날 수 없다. 그리고 언어의 도움을 받아 우리는 생각을 하고 창조적인 행위를 해낸다. 이런 생각의 토대 위에서 나는 이렇게 말하고 싶다. 당신의 언어가 곧 당신의 세계이다. 당신이 "무엇이 무엇인가?"라는 질문을 통해서 새로운 생각의 재료를 얻었다면, 그로 인해 당신이 바라보는 세계는 분명 조금 더 확장되었다고 난 믿는다.

"무엇을 생각해야 할지 모르겠어요!"
"어떻게 생각해야 될까요?"
"모르는 게 너무 많아 머리가 꽉 막힌 것 같아요!"
"내가 감당 못 할 일들이 몰아쳐서 참 힘드네요."
"어떻게 모델링을 해야 할지 어디서부터 시작할지 참 막막하네요!"
"왜 이리 내가 생각한 대로 풀리지 않는 걸까요? 어떻게 해야 할까요?"

만약 당신이 이와 같은 질문들을 던져야 하는 힘든 상황이라면, 복잡한 생각들, 복잡한 감정들을 내려두고 먼저 "무엇이 무엇인가?"라는 작은 질문을 던져보자. 이 사소한 질문에서 다시 새롭게 시작해 보는 것이다. 이 질문에 대한 당신의 모든 답은 당신의 삶에서 정말 값진 보물이 될 것이다. 왜냐하면 그것이 당신의 세계의 일부이기 때문이다. 재산을 모으듯 그 답들을 모아가면 더 좋다. 이를 위해 단어장을 활용해도 좋다. 나의 경우 실제로 내 인생에서 중요하다고 생각되는 프로젝트, 과제마다 각각 메모장 수첩을 두고 있다. 그 수첩 안에 나는 내가 그 과제를 하면서 궁금했던 것, 새롭게 알게 된 것, 깊이 있게 생각했던 것들을 적어둔다. 이 작은 단어장 안에 어휘가 더 풍부해질수록 그 과제에 대한 내 생각의 깊이 또한 깊어지는 것을 나는 오랫동안 많이 경험했다. 사실 내 학창 시절 영어 단어장을 만들어 들고 다녔던 습관의 연장이다. 마치 영어 어휘가 풍부할수록 더 깊이 있는 영어 대화를 할 수 있는 것처럼, 내 프로젝트와 관련된 어휘력이 커질수록 더 깊고 중요한 생각들을 많이 하게 되었고 사람들에게 영향력을 더 끼칠 수 있었다.

"진리는 망망대해와 같다. 우리는 고작 바닷가에서 조개를 주워 기뻐하는 아이일 뿐이다."

오래전 아이작 뉴턴의 이 말을 처음 들었을 때 왜 '기뻐하는 사람' 또는 '기뻐하는 어른'이 아니라 '기뻐하는 아이'였을까 궁금했다. 이 궁금증에 대한 나의 답은 이랬다. '만약 어른이었다면 조개를 주워도 전혀 기뻐하지 않았을 거야!' 긴 시간이 지나 사랑스러운 두 아이를 키워보니 정말로 그런 것 같다. 정말로 작은 것에 대해 어른들은 궁금해하지 않고 그냥 지나쳐 버리지만 아이들은 꼭 묻는다.

"아빠 이게 뭐야?"
"근데요…. 그건 뭐예요?"

이런 재미있는 질문을 던진 아이들은 분명 그런 재미난 현상을 관찰했다. 그리고 그것이 무엇인지를 차곡차곡 쌓았던 아이는 커서 생각이 깊은 아이로 성장했다. 아이작 뉴턴의 말은 아이를 대상으로 한 것이 아니라 어른을 대상으로 한 말이었다. 그리고 그의 말은 오늘날 우리들에게 이렇게 울림을 주는 것 같다.

"우리 주위에 있는 것들, 일어나는 것들에 그것이 무엇인가 물어보세요. 그리고 그것에 신기해하는 눈으로 바라보세요. 그럼 진리의 망망대해 속에서 항해하며 기뻐하는 여러분이 될 겁니다!"

아는 만큼 더 보인다

우리가 동일한 대상을 바라보더라도, 그 대상에 대해 얼마나 깊이 알고 있는지에 따라 보이는 것이 달라진다. 예를 들어, 미술 작품을 떠올려 보자. 미술에 대한 지식이 없는 사람은 유명한 그림을 단순히 색깔과 형태의 조합으로 볼 수 있다. 눈앞에 있는 것은 그저 아름다운 그림일 뿐, 그 이상의 의미를 찾기 어렵다. 그러나 미술에 대해 잘 알고, 그 작품의 배경과 작가의 의도를 이해하는 사람은 똑같은 그림에서 훨씬 더 많은 것을 본다. 그 사람은 그림 속 색채가 어떤 감정을 표현하는지, 구도와 형태가 어떤 철학적 메시지를 담고 있는지를 파악할 수 있다. 예술적 흐름이나 그 시대의 역사적 배경을 알고 있다면, 작품은 단순한 이미지 이상으로 다가와 감동과 깊은 깨달음을 준다. 결국, 미술 작품을 이해하는 깊이에 따라 보이는 것이 달라지는 것이다. 또 다른 예로, 와인을 생각해 볼 수 있다. 와인에 대한 지식이 없는 사람은 단순히 와인의 맛을 즐길 수 있다. 하지만 소믈리에는 그 와인 한 잔을 마시면서 포도의 품종, 와인의 숙성 기간, 지역 특유의 기후 조건까지 파악할 수 있다. 같은 와인을 마시더라도 그 안에서 느끼는 풍미와 깊이는 전혀 다른 것이다. 소믈리에는 와인 한 모금에서 다양한 맛의 층을 경험하며, 어떤 음식과 잘 어울리는지도 자연스럽게 떠올릴 수 있다. 같은 와인을 마시지만, 아는 만큼 더 많은 것을 경험하게 되는 것이다.

이와 같이 우리는 아는 만큼 그 대상의 깊은 본질을 더 잘 볼 수 있다. 그리고 바로 이 점 때문에 관찰은 우리에게 매우 중요하다. 우리에게 어떤 모르는 대상이 있다고 하자. 만약 우리가 그것이 무엇인지에 대해 관심을 갖고 관찰하지 않는다면 그것은 계속해서 우리에게 모르는 것으로 남을 것이다. 하지만 우리가 그것을 관찰하기 시작할 때 비로소 우리는 그것에 대한 이해를 얻을 것이다. 그리고 그 이해는 계속해서 우리가 그 대상을 더 깊이 있게 바라보게 만들고 그 결과 우리는 그것을 더 깊이 있게 이해할 수 있게 된다.

나는 관찰이란 말을 들으면 고등학교 3학년 때의 담임선생님이 떠오른다. 당시 나는 수학 모의고사 주관식 문제를 자꾸 틀려 수학에 대해 자신감이 많이 떨어진 상태였다. 고 3 담임선생님은 수학 선생님이셨는데 나는 선생님께 어떻게 해야 주관식 문제를 잘 풀 수 있냐고 물었다. 그러자 선생님은 다음과 같이 말씀하셨다.

"문제 속에 문제를 푸는 데 필요한 모든 단서가 들어 있어. 너에게 필요한 건 눈 크게 뜨고 문제를 제대로 읽는 거야. 주어진 상황, 조건 등 혹시나 방심하거나 당황해서 놓치고 있는 게 있는지 꼼꼼히 살펴봐. 그럼 반드시 문제를 풀 수 있는 핵심 단서를 찾아낼 수 있을 거야."

선생님 말씀이 맞았다. 정말 문제 출제자는 문제 속에 문제를 해결할 수 있는 단서들을 숨겨놓았다. 그 단서들을 꼼꼼히 관찰하고 이용했더니 주관식 문제를 거의 다 맞출 수 있었다. 이 경험은 내게 커다란 인상을 주었고 나는 수학 문제뿐만 아니라 다른 많은 상황에서도 적용 가능한 중요한 교훈을 얻었다. 우리는 흔히 문제를 해결할 때,

당장의 답을 찾는 데만 몰두해 중요한 단서를 놓치기 쉽다. 하지만 잠시 멈추고, 문제를 다각도로 관찰해 보면 우리는 우리가 놓치고 있던 문제 해결의 단서를 발견할 수 있다. 문제를 제대로 관찰할 때, 우리는 문제 속에 숨어 있는 문제의 본질을 깊이 있게 이해할 수 있다. 이는 훗날 내가 디램 반도체의 불량을 개선하는 데 있어 가장 중요한 원칙이 되었다. 언제나 불량 문제 해결은 철저한 현상 파악에서 시작한다. 예를 들어, 불량이 발생하면 우리는 불량이 어떤 특정한 공정이나 설비를 진행할 때 나오는지, 불량이 웨이퍼의 어떤 특정한 위치에 분포하는지, 불량의 크기와 모양 그리고 성분은 무엇인지 등등의 현상들을 철저히 파악한다. 현상을 최대한 많이, 최대한 다각적으로 파악할 때 우리는 그 현상 데이터에서 문제 해결의 핵심 단서를 파악할 수 있었다.

한편, 관찰은 새로운 기회와 가능성을 발견하는 열쇠가 되기도 한다. 예를 들어, 비즈니스에서 소비자의 행동 패턴을 세심하게 관찰할 때 겉으로 잘 드러나지 않는 트렌드를 발견해 내기도 한다. 대한민국에서 가장 트렌드를 잘 읽는 사람들은 누구인가? 나는 증권 애널리스트들이라 생각했다. 그들은 트렌드를 민감하게 파악하고 경제의 흐름 곧, 돈의 흐름을 기가 막히게 쫓는 것처럼 보였다. 나는 그들의 특별한 능력을 갖고 싶었다. 나도 그들처럼 트렌드를 정확히 읽고 사람들이 정말 필요로 하는 솔루션을 내놓는 사람이 되고 싶었다. 그래서 나는 애널리스트들이 강연하는 비즈니스 트렌드 분석 세미나에 수차례 참여했다. 나는 세미나에서 특별한 비법이 등장할 줄 알았다. 그런데 거의 대부분의 애널리스트들이 공통적으로 강조했던 것은 누구나 할 수 있는 '관찰'이었다.

트렌드란 특정 시점에서 많은 사람들의 관심과 필요에 부응하는 제품, 서비스, 문화, 기술과 같은 솔루션의 변화 또는 흐름이다. 따라서 애널리스트들은 트렌드를 잘 읽기 위해서는 겉으로 드러난 솔루션과 동시에 겉으로 잘 드러나지 않는 필요를 모두 관찰할 수 있어야 한다고 말했다. 솔루션과 필요를 모두 관찰해 낼 때, 필요에서 솔루션의 방향으로 흐르는 트렌드의 방향을 읽을 수 있다고 했다. 그렇다면 어떻게 솔루션과 필요를 효과적으로 관찰할 수 있는가? 각 애널리스트마다 다양한 방법들을 제시했지만 그중에서 내게 가장 인상 깊었던 것은 '고객사의 고객사' 관찰법이었다. '고객사의 고객사' 관찰법이란, 단순 하나의 고객사가 무엇인지를 관찰하는 것이 아니라, 그 고객사가 재화와 서비스를 제공하는 또 다른 고객사들이 무엇인지를 연쇄적으로 관찰하는 방법이다. 이를 통해 당신은 비즈니스를 하나의 거대한 생태계로 바라볼 수 있고 그 생태계를 이끄는 트렌드를 읽을 수 있다. 우리나라 반도체 비즈니스에서 가장 큰 비중을 차지하는 디램을 예로 들어보자. 우리나라에서 디램을 공급하는 업체로는 삼성과 하이닉스가 있다. 삼성과 하이닉스의 사업보고서와 증권사 기업 분석 레포트를 잘 읽으면 고객사의 고객사를 파악할 수 있다. 디램은 크게 PC용, 모바일용, 서버용 디램으로 구성되며 삼성과 하이닉스의 고객사들은 상당수 겹친다. PC 고객사로는 애플, 휴렛패커드, 델, 레노버가 있고, 모바일 고객사로는 애플, 삼성전자, 샤오미가 있으며, 데이터 센터와 클라우드 서비스 고객사로는 아마존, 구글, 마이크로소프트가 있다. 그런데 하이닉스의 디램 사업이 영업이익 기준으로 삼성 디램을 처음으로 역전한 2024년, 하이닉스의 주요 고객사를 보면 삼성에는 없는 주요 고객사가 있다. 바로 TSMC이며 TSMC에 하이닉스가 공급하는 제품은 HBM(고대역폭메모리)이다. HBM은 디램 칩을 여러 개 수직으로 쌓아 올려 만든 3D 구조의 메모리로 데이터 전송 속도가 크기 때문에 인공지능, 머신러닝, 그래픽 처리와 같은 분야에서 반드시 필요한 제품이다. 계속해서 고객사의 고객사 분석을 하면, TSMC는 하이닉스가 공급한 HBM을 사용하여 엔비디아의 고성능 GPU 칩을 제조한다. 그리고 엔비디아의 고성능 GPU 칩은 구글, 아마존, 마이크로소프트, 페이스북, 테슬라에 공급되어 AI와 머신러닝에 특화된 클라우드 서비스 플랫폼 구축에 활용된다. 마지막으로 구글, 아마존, 마이크로소프트, 페이스북, 테슬라가 구축한 AI 클라우드 플랫폼을 기반으로 OpenAI, Salesforce, Adobe 등과 같은 유명한 AI 서비스가 소비자에게 공급되고 있다. 이와 같이 사람들에게 공유된 사업보고서, 기업 분석 레포트를 고객사의 고객사 관점에서 정리해 보면, 다음과 같은 디램 비즈니스의 트렌드를 읽어낼 수 있다. "AI 서비스의 수요가 급속도로 증가하는 가운데 데이터 센터와 클라우드 서버 고객사는 대량의 데이터를 고속으로 처리할 수 있는 고성능 GPU가 필요하며, 앞으로 디램 비즈니스는 고성능 GPU에 필수적인 HBM 디램 쪽에 집중될 것이다." 이와 같이 당신이 관심사에 대해 고객사의 고객사를 관찰한다면 당신은 트렌드를 잘 읽고 효과적으로 대응할 수 있을 것이다.

순진한 생각에 빠지지 말기

"부동산은 절대 가격이 떨어지지 않습니다."
"이 한 가지 비밀을 알고 있으면 큰돈을 벌 수 있어요. 당신에게만 알려드릴게요."
"긍정적인 생각만 하면 모든 일이 잘될 거야."
"자기계발서를 많이 읽으면 성공할 수 있어."
"좋은 학벌만 있다면 성공할 수 있어."
"학교에서 배운 것만으로 충분해."
"한 직장에서 평생 일할 수 있을 거야."

만약 당신이 이러한 순진한 생각을 믿어버리고 그 생각들을 기초로 중요한 선택과 결정을 한다면 당신은 정말로 허무한 결과를 경험할 수 있다. 힘들게 모은 재산이 순식간에 증발할 수 있고, 오랜 시간의 노력이 보상 없이 허무하게 끝날 수 있다. 순진한 생각들을 중심으로 허술하게 연결된 생각의 틀이 깡그리 무너지는 것을 경험할 수도 있다. 그렇다면 우리는 어떻게 순진한 생각으로부터 우리 자신을 지킬 수 있을까? 이미 당신은 답을 알고 있다. 바로 "무엇이 무엇인가?" 질문이다. "무엇이 무엇인가?"의 질문을 통해서 당신은 하나의 대상에 대해서 세심하게 관찰할 수 있다. 그리고 이러한 관찰을 통해서 당신은 그 대상에 대해 객관적인 사실들을 얻을 것이고 그 결과 당신은 순진한 생각에 빠지지 않을 것이다.

K는 동창회에서 가서 친구들을 오랜만에 만났다. 오랜만에 만난 친구들 중에서 가장 화제가 된 친구는 Y였다. Y는 주식과 코인 투자를 통해서 30억을 벌었고 강남 아파트를 빚 없이 샀다고 자랑했다. 친구들의 성화에 못 이겨 Y는 친구들에게 자신의 투자법에 대해 이야기했다. 그리고 Y는 최근 새롭게 상장한 A 코인이 있는데 자기 지인이 코인 개발 위원회 중 한 사람이라고 말했다. 그리고 지금 A 코인을 매수해 들어가면 최소 50%는 시세차익을 단기간에 먹을 수 있을 것이라고 자신했다. K는 일찍이 성공한 Y가 부러웠고 Y의 모든 말에 완전히 빠져들었다. Y의 말을 들으면서 K는 당장 내일 코인 계좌를 개설해서 최근에 보너스로 받은 2천만 원을 A 코인에 투자하고 있는 자신의 모습을 상상했다. 동창회가 끝나고 K는 집에 도착하자마자 컴퓨터 앞에 앉았다. Y가 말한 모든 것들을 하나하나 꼼꼼하게 검증했다.

코인이란 무엇인가? 현재 거래되고 있는 코인들의 종류는 무엇인가? A 코인은 어떤 종류에 속하는가? A 코인이 개발된 목적은 무엇인가? 코인 가격이 오르는 이유는 무엇인가? A 코인의 잠재적 화폐 가치는 무엇인가? A 코인의 가격 변동성은 어떤가? 또한 다른 코인들의 가격 변동성과 투자 위험도는 어느 정도인가? A 코인의 보안 기술은 무엇인가? 다른 코인 대비 뛰어난 점은 무엇인가? 현재 A 코인과 협업하고 있는 투자 그룹 또는 기업은 무엇인가? A 코인의 거래량과 유동성은 무엇인가? 충분한가? 최근 많이 벌어지고 있는 코인 사기 유형은 무엇인가? A 코인 커뮤니티의 사람들의 전반적인 여론은 무엇인가? 심지어 K는 A 코인 커뮤니티에 가입해 A 코인이 단기간에 급등할 수 있는 이유가 무엇인지 질문하기도 했다. 이와 같이 "무엇이 무엇인가?"의 질문들을 통해서 K는 A 코인에 대해 접근 가능한 거의 모든 자료들을 읽었다. 그 과정에서 K는 주관적인 견해나 감정에 의존하지 않는 객관적이고 검증된 지식들을 얻었다. K는 A 코인을 통해 단기간에 50%의 수익을 거둘 수 있는 그 어떠한 이유도 발견하지 못했다. 오히려 A 코인이 최근 보여준 급격한 가격 변동성을 통해 A 코인은 투자 불확실성과 투자 손실 리스크가 높다고 K는 판단했다. 결국 K는 Y가 알려준 순진한 생각에 빠지지 않았고 자신의 돈을 지킬 수 있었다.

우리가 사는 현실은 단순하지 않다. 삶 속에는 다양한 요소들이 다양하게 상호작용을 하고 있다. 따라서 우리가 삶에서 원하는 것을 얻으려면, 한 가지 면만 순진하게 바라볼 것이 아니라 다양한 면을 세심하게 관찰할 수 있어야 한다. 그리고 그렇게 얻은 관찰된 지식을 기초로 우리는 개연성 높은 모델링을 세우고 도전할 때 치열한 현실 속에서 성공 가능성을 높일 수 있다. 하지만 복잡한 삶에서 순진한 생각들은 자주 우리에게 안락함과 헛된 희망을 제공하며 우리를 현혹시킨다. 순진한 생각을 믿는 믿음으로 살아가는 동안에는 삶이 매우 쉽고 당신이 원하는 것을 당장 얻게 될 것 같다. 하지만 결국 실패하면 우리는 우리 자신을 크게 탓할 것이고 큰 좌절감을 맛보게 될 것이다. 인생을 단순하게 살려는 욕구는 이해할 수 있다. 복잡한 문제들 속에서 단순하고 명확한 답을 찾고 싶은 것은 인간의 본능이다. 그러나 우리는 성숙해지면서 인생의 복잡성을 인정하고 받아들이며 그것에 맞게 대응하는 방법을 배워야 한다. 이 여정의 시작은 특별하지 않다. 바로 "무엇이 무엇인가?"를 솔직하게 묻는 질문에서 시작한다.

사물을 보는 방식을 바꾸면, 당신이 보는 사물 자체도 변한다.

When you change the way you look at things, the things you look at change.

— 막스 플랑크 (1918년, 노벨물리학)

4
학교에서 가르치지 않는 생각의 기술

매일 아침 일어나 거실 창문을 열면 유난히 부산을 떨고 있는 까치들의 소리가 들린다. '꺅-꺅-꺅' 하는 그들의 경쾌한 노래를 듣고 있노라면, 나 또한 하루를 활기차게 보내고 싶다는 기분이 든다. 내가 살고 있는 아파트 층에서는 까치들의 둥지가 보이는데, 어떤 둥지는 매우 크고 대궐 같으며 어떤 둥지는 매우 작고 아담하다. 어떤 둥지는 나무의 맨 꼭대기에 있으며 어떤 둥지는 나무의 중간에 자리 잡고 있다. 또 어떤 둥지는 타원형의 모습이며 또 어떤 둥지는 구형의 모습이다. 나는 이렇게 다채로운 까치 둥지를 보며 매우 신기해했다. 실제로 겨울이 되면 까치들은 부지런히 나뭇가지를 들고 다닌다. 바로 둥지를 짓기 위해서이다. 나는 까치들이 어떻게 둥지를 짓는지 정말 궁금했다. 유튜브를 검색하니 'KBS동물티비' 채널의 한 영상이 나왔다. 이 영상에는 까치가 무려 2개월 동안 1600여 개의 가지를 활용하여 둥지를 짓는 과정과 원리가 나온다. 까치는 서로 다른 굵기의 나뭇가지를 얽히고설키게 끼워넣기를 하여 둥근 둥지의 틀을 만들었고 진흙을 활용하여 접착 및 마감처리를 했다. 겉으로는 보이지 않지만 까치 둥지는 외부 둥지와 내부 둥지라는 복합 구조로 되어 있다. 외부 둥지는 비와 바람을 막아주며 내부 둥지는 가는 가지와 풀, 진흙으로 구성되어 새끼가 따뜻하게 지낼 수 있게 한다고 한다. 조류 중에서 까치가 지능이 매우 높고 주변 학습력이 매우 뛰어나다는 것은 이미 알고 있었지만 영상을 통해 둥지를 건축하는 모습을 보니 까치가 정말 존경스럽게 여겨졌다.

이렇게 새가 둥지를 만드는 과정은 흔히 인간이 생각을 하는 과정을 설명하는 비유로 사용되곤 한다. 새가 여러 가지 모양의 가지들을 물고 와서 견고한 둥지를 짓는 것과 같이, 서로 다른 지식들을 모으고 연결하여 지적인 건축물을 짓는 것이 바로 생각이라고 한다. 새가 물고 온 가지는 우리에게 지식이며, 새가 지은 둥지는 우리에게 생각의 집 곧, 콘셉트, 관념, 철학과 같다. 여기서 중요한 두 가지 질문이 있다. 첫째, 우리는 어떻게 옳고, 의미 있는 가지를 얻을 것인가? 그리고 둘째, 우리는 어떻게 그 가지들을 가지고 둥지를 지을 것인가? 이 두 질문은 서로 긴밀하게 연결되어 있으며 그 연결 고리는 바로 모델링이다. 결론적으로 말하자면 모델링은 생각의 집을 짓는 핵심 재료이자 오늘날 존재하는 거의 모든 학문을 구축한 생각의 건축법이다.

지식을 얻는 법

먼저 지식을 얻는 방법에 대해서 말해보자. 우리가 흔히 지식을 얻는다고 말할 때 지식은 옳은 지식을 의미한다. 굳이 옳지 않은 지식을, 쌓으면 결국 무너지는 그런 지식을, 그리고 자신에게 해가 될 지식을 누가 얻으려고 개고생하겠는가? 그런데 말이다. 우리는 어떻게 옳은 지식을 얻을 수 있을까? 그리고 그것이 옳은 것인지를 우리는 어떻게 알 수 있을까? 인류 역사 내내 인간은 옳은 지식을 확보하고자 치열하게 노력해 왔다. 사람들은 그 노력의 과정을 특별히 인식론이라 부른다. 철학 관련 학위가 없는 내가 인식론의 역사를 구체적으로 그리고 정교하게 설명할 자신은 없다. 하지만 내가 한 가지 자신 있게 말할 수 있는 것이 있다. 그것은 호기심 많고 동시에 의심 많은 인류가 지식을 축적한 방식인데 인간은 옳은 지식이 아닌 틀리지 않은 지식을 얻는 방식으로 지식을 축적했다는 것이다. 이 두 가지는 얼핏 비슷하게 들리는 것 같지만 엄연히 다르다. 언제나 절대적으로 옳은 진리인 '절대 진리'를 믿는 사람들, 자신이 절대 진리를 가지고 있다고 주장하는 사람들이 있었다. 그들은 절대 진리라고 주장하는 온갖 종류의 이론들을 제시했다. 하지만 결국 그 절대 이론들은 사람들의 보통의 사고에 의해 부정되고 살아남지 못하게 되었다. 최종적으로 살아남았던 지식들은 절대 지식의 부류가 아니었다. 그것들은 개연성은 높아 보이지만 언제든 틀릴 수도 있는 완벽하지 않은 지식들이었다. 그래서 사람들은 그 지식들을 반박하는 검증을 해야만 했다. 그리고 엄격한 검증에도 불구하고 현재까지 살아남은 지식들, 바로 그 지식들이 최종적으로 살아남은 그리고 우리에게 전해진 지식들인 것이다.

이런 점에서 지식이란 추측적이고 이론적이라고 볼 수 있다. 우리는 우리가 세심히 관찰한 '무엇'들을 기초로 개연성 높은 '추측' 또는 '이론'을 던진다. 바로 그것이 지금까지 우리가 '모델링'이라고 대표해서 부르고 있는 것이다. 모델링은 'A → B'라는 공식으로 간단하게 나타낼 수 있다. 즉, 모델링은 무엇(A) 하니까 무엇(B) 할 것이라는 개연성 있는 추측으로 표현된다. 하나의 재미있는 이야기를 들어보자. 1682년 천문학과 점성술의 경계가 모호했던 시절, 에드먼드라는 사람은 긴 꼬리를 하늘에 수놓으며 움직이는 혜성을 처음으로 직접 보았고 완전히 매료되었다. 에드먼드는 재앙의 징조라고 알려진 혜성에 대한 모든 역사적 자료들을 파헤쳤고 자신이 관측한 혜성의 궤도와 비슷한 천체들을 찾아보았다. 그러자 1607년, 1531년, 1456년에 기록된 혜성의 궤도와 매우 비슷하다는 것을 목격했다. 그리고 5년 뒤 만유인력에 대해서 기술한 뉴턴의 《프린키피아》가 출간되자 만유인력을 활용해서 자신이 관측한 혜성의 궤도를 계산해 보았다. 그러자 자신이 관측한 혜성이 75~76년의 공전 주기를 가지는 동일한 현상이라고 판단했다(A). 그리고 에드먼드는 이 천체가 정확히 1759년 3월 지구로 다시 귀환할 것이라고 모델링을 했다(B). 사람들 중에는 에드먼드의 예측을 '헛소리'라고 치부하는 자들이 많았다. 에드먼드는 자신의 모델링을 확인하지 못하고 1742년 고령으로 세상을 떠났다. 이후 17년이 지나 1759년 3월이 되었다. 그 혜성은 다시 지구로 찾아와 지구의 밤하늘을 아름답게 유영하며 지나갔다. 에드먼드의 모델링이 검증된 순간이었다. 사람들은 그 혜성의 이름을 '핼리 혜성'이라고 불러주었다. 그렇다. 그가 바로 에드먼드 핼리였다.

모델링은 검증되기 전까지는 절대적이지 않은 지식 후보일 뿐이다. 그렇기 때문에 모델링은 자기 자신을 부정할 수 있는(부정하기 위해 만들어진) 검증이란 관문을 거쳐야만 한다. 만약 검증에서 살아남는다면, 모델링은 그래도 아직 절대 지식은 아니지만 절대 지식에 더 가까워진 매우 유용한 지식으로 재탄생한다. 더 많은 사람들이 검증할수록, 검증 조건이 더욱더 가혹할수록, 살아남은 모델링은 매우 견고하고 난공불락의 요새처럼 흔들리지 않는 지식이 된다. 지금까지 이야기한 것을 간단히 요약해 보자면, 우리는 모델링을 제시하고 이것을 검증함으로써 틀리지 않는 지식을 얻는다.

여기서 우리가 꼭 기억해야 할 포인트는 검증된 모델링이 지식이라는 것이다. 반대로 말하면 단순히 모델링만 제시한다고 그것이 지식이 되지 않는다는 것이다. 나의 경험담을 말하자면, 직장에서 나는 디램이라는 반도체 제품의 수율 또는 품질을 개선하는 일을 했다. 필연적으로 나는 정말 많은 불량들을 상대해야 했다. 문제는 기업 간에 치열하게 경쟁하는 반도체 제품의 특성상, 불량들을 개선할 시간이 턱없이 부족하다는 것이다. 원래는 불량에 대해서 모델링(무엇 무엇 때문에 불량이 이렇게 발생했다)을 세우고 이를 검증하여 불량에 대해 체계적인 지식을 확보한 뒤 그 지식을 바탕으로 개선을 해야하건만, 바쁘다 보니 일단 빠르게 설비 또는 공정을 조치하고, 그동안 약효가 있다는 좋은 개선안들을 마치 샷건을 쏘듯 마구 적용하여 일단 급한 불을 끄는 식으로 일을 한 적이 많았다. 현업에서는 이런 식의 일하기를 '퀵 픽스(Quick Fix)'라고 불렀다. 물론 퀵 픽스가 잘 통해서 빠르게 수율 품질을 개선했던 적도 있었다. 하지만 많은 경우에 퀵 픽스는 초기에만 효과가 있다가 결국 불량이 재발했고 그 결과 최종 개선까지 많은 시간 자원이 소모되었다. 나중에 차분히 복기해 보니 나는 퀵 픽스에 대해 한 가지 중요한 사실을 알아차리게 되었다. 그것은 퀵 픽스로 성과를 냈건 내지 않았건 간에 퀵 픽스를 통해 내가 확보한 지식은 아무것도 없었다는 것이다. 나는 지식이란 값싸게 얻어지는 것이 아니라는 것을 알게 되었다. 아무리 시간이 걸려도, 아무리 귀찮아도, 모델링을 검증해야만 비로소 우리는 지식이라는 것을 손에 넣을 수 있다는 것을 배웠다. 모델링을 검증하지 않으면 그 모델링은 더 이상 힘 있는 지식이 아니라 그저 언젠가 잊혀지게 될 썰일 뿐이다.

생각의 집을 짓는 법

사상누각이라는 말이 있다. '모래 위에 쌓은 누각'이라는 뜻으로,

겉으로는 화려하고 멀쩡해 보이지만 기초가 부실하여 무너질 위험이 있는 상황을 비유하는 말이다. 그 반대말은 '반석 위에 지은 집'으로, 튼튼한 기반 위에 집을 지어 어떤 외부 충격이 와도 흔들리지 않음을 비유한다. 사상누각과 관련하여 사람들 중에 이렇게 말하는 사람도 있다고 한다. "그럼 모래 위에 피라미드는 뭔가요? 그 무겁고 커다란 건축물이 수천 년을 모래 위에서 버틴 것 같은데요?" 사실을 말하자면 피라미드는 겉보기와는 달리 모래가 아닌 기반암 위에 지어진 건축물이다. 그저 모래는 시간이 흐르며 자연스럽게 쌓인 거라 한다.

자 이제, 생각의 집을 짓는 법에 대해서 이야기해 보자. 우리가 지어야 할 집은 사상누각이 아니다. 다른 사람들의 조그마한 비판에도 금세 균열이 일어나 버리는 그런 집이 아니다. 또한 겉으로는 화려해 보이지만 결국 실속이 하나도 없는 그런 집도 아니다. 우리가 지어야 할 집은 반석 위에 지은 집이다. 우리는 단단한 기반 위에 튼튼한 기둥을 세울 것이고 그 기둥 위에 벽과 지붕을 입혀 원하는 목적에 꼭 맞는 집을 만들 것이다. 이러한 작업을 위해서 우리에게 필요한 것은 무르지 않고 단단하며, 외부의 충격에도 잘 견디는 기반 재료이다. 우리는 이미 그 기반 재료 두 가지를 알고 있다. 관찰된 지식(관찰을 통해서 알게 된 지식)과 검증된 지식(= 검증된 모델링)이다.

자 매우 간단한 건축을 해보자. 이것은 마치 블록 쌓기 탑에 가깝다. 관찰된 지식 위에 검증된 모델링을 쌓고 그 위에 새로운 모델링을 쌓은 3단 블록 형태로 만들어 보는 것이다. 몇 가지 예를 들어보자.

인공혈관을 만드는 아이작은 해안가에서 휴가를 보내다 정박해 있는 선박 하나를 발견했다. 아이작은 선박 바닥에 수많은 따개비가 다닥다닥 붙어 있는 것을 관찰했고 이를 통해 '따개비는 물속에서도 강력하게 접착할 수 있는 접착 물질을 가지고 있다.'는 관찰된 지식을 얻었다(관찰된 지식). 이후 집에 돌아간 아이작은 구글링을 통해서 따개비의 접착 물질에 대해서 검색했고 '따개비의 족사에 카테콜아민이 풍부한 단백질 구조를 띠고 있기 때문에 접착성이 강하다.'는 검증된 지식을 얻었다(검증된 모델링). 회사에 복귀한 뒤 관찰된 지식과 검증된 지식을 바탕으로 다음 새로운 모델링을 세웠다. '만약 접착성 있는 카테콜아민 물질과 피가 응고되지 못하게 막는 헤파린이라는 물질을 합성해서 인공혈관을 코팅할 수 있다면 인공혈관의 수명은 비약적으로 증가될 것이다(새로운 모델링).'

정책 연구원 K는 자살 예방에 대한 전략을 수립 중이다. 그가 수행한 통계 조사에 따르면 우리나라 연령대별 자살률(인구 10만 명당 자살한 사람 수)은 1위 80대 61명, 2위 70대 38명으로 매우 심각한 수준으로 확인되었다(관찰된 지식). K는 자살 예방에 성공했던 선진국의 검증된 정책들을 조사했고 핀란드의 심리적 부검이라는 사례를 찾게 되었다. 심리적 부검이란 정신과 전문가들이 자살자의 가족, 고인의 유서, 일기 등 관련 개인적 기록과 병원 진료 기록 등을 분석하여 자살의 원인을 과학적으로 규명하는 작업이다. 핀란드는 1986년 심리적 부검제도를 처음 도입했는데 당시 핀란드의 자살률은 10만 명당 30.3명으로 전 세계 최상위였다. 핀란드는 전문가 6만 명을 동원하여 5년간 자살 사망자 전수 조사를 시행했고 그 결과 93%가 정신적 질환을 앓고 있었고, 그중 80%는 우울증을 앓았지만 단 15%만이 치료를 받은 것으로 분석되었다. 이에 정신 질환 조기 발견 및 치료를 골자로 한 예상 정책을 실행한 결과 2005년은 자살률 20명으로, 2015년에는 16명으로 줄어들었다(검증된 모델링). 이에, K는 대한민국 노인 자살자를 전수 심리적 부검을 하여 자살 원인을 진단하고 이에 대한 해결책을 마련할 수 있다면 노인 자살률을 줄일 수 있을 것이라 생각했다(새로운 모델링).

회사원 Y는 유튜버가 되고 싶다. 그런데 어떻게 무엇부터 해야 할지 몰라 막막했던 Y는 자신이 즐겨 시청하는 잘나가는 유튜버들을 관찰했다. 그 결과, 그들은 최소 5년 이상, 자신의 취미 또는 특기를 매주 1회 이상 꾸준히 영상을 올리는 사람들이었다(관찰된 지식). 이어 당신은 유튜브 관련 책들을 읽고 '섬네일을 가능한 재미있게 그리고 글씨는 가능한 크고 분명하게 만들면 영상 클릭률이 높아진다.'는 검증된 지식을 얻었다(검증된 모델링). 그래서 Y는 '매주 산악자전거를 타면서 이야기하는 영상을 찍어 올리고 섬네일로 가장 멋지거나 또는 가장 웃긴 사진 위에 장소 이름을 크게 써서 올리면 구독자들을 많이 확보할 수 있다.'는 모델링을 했고 이를 실행에 옮겼다(새로운 모델링).

이제는 좀 더 복잡하고 정교한 생각의 집 한 채를 지어보자. 이 집은 커다란 기반 지식(관찰된 지식) 위에 3개의 기둥 지식(검증된 모델링)이 세워져 있고, 그 기둥 지식에 바닥과 지붕 역할을 하는 새로운 모델링 4개를 연결된 3층짜리의 미니빌딩 형태이다. 미시간대학교 연구실에서 근무했을 때의 일이다. 미시간의 겨울은 매우 혹독했다. 기온이 -40도까지 떨어지기도 했고 허리까지 눈이 내리는 적도 많았다. 연구실에 케빈이란 박사 과정생이 있었다. 여느 추운 겨울날이었다. 케빈은 우연히 고무로 된 물체 위에 단단해 보였던 얼음이 쉽게 똑 떨어져 나간 것을 보게 되었다. '이게 뭔가?' 했던 케빈은 그 고무를 냉장고에 넣어 얼려보았다. 역시나 얼음은 쉽게 떨어졌다(관찰된 지식). '이건 진짜임'을 알게 된 케빈은 광범위한 연구 문헌들을 조사했다. 그러자 세 가지 검증된 사실을 알게 되었다. 첫째, '부드러운 고무가 얼게 되면 눈에는 보이지 않지만 미세하게 쭈글쭈글해지게 되고 그 결과 얼음이 쭈글쭈글해진 고무 표면에 제대로 달라붙지 않는다.'는 것이다(검증된 모델링 1). 둘째, '얼음은 물이 잘 달라붙지 않은 소수성을 띤 표면에서 더 적은 힘을 가지고 뗄 수 있다.'는 것이다(검증된 모델링 2). 셋째, '고분자를 합성할 때 소수성을 띤 기름을 첨가하면, 합성된 고분자의 표면이 더 물을 싫어하게 된다.'는 것이다(검증된 모델링 3). 이러한 검증된 지식들을 확보하자 케빈은 다음과 같은 모델링의 날개를 펼쳤다. 기름이 첨가된 고무를 합성하면 세계 최고 수준의 얼음이 얼지 않고 떨어지는 표면을 만들 수 있을 것이다(새로운 모델링 1). 고무가 더 부드러울수록 얼음이 더 쉽게 떨어질 것이다(새로운 모델링 2). 고무 재질과 기름의 궁합이 좋을수록 얼음이 더 쉽게 떨어질 것이다(새로운 모델링 3). 모델링 2와 모델링 3을 잘 검증하고 조절할 수 있다면, 내구성이 뛰어나면서 동시에 최고의 얼음 발수 특성을 띠는 표면을 만들 수 있을 것이다(새로운 모델링 4). 그리고 케빈은 이 모든 것을 검증해 냈고 얼음 발수 표면 부분 세계 최고의 권위자가 되었다.

거인의 어깨 위에 선다는 것

"내가 더 멀리 보았다면 이는 거인들의 어깨 위에 올라서 있었기 때문이다."

아이작 뉴턴이 남긴 것으로 알려진 유명한 말이다. 이 말은 우리 인간이 생각하고 발전해 나가는 방식을 잘 설명해 주는 것 같다. 우리는 무에서 유를 만들어 내는 식으로 생각을 창조하는 사람들이 아니다. 우리는 거인들이 이미 만들어 낸 유를 기초로 삼아 새로운 유를 쌓아 올리는 사람들이다. 거인들이 만들어 낸 유는 오랜 세월 많은 사람들에 의해 검증되어 흔들리지 않는다. 흔들리지 않고 편안하기 때문에 우리는 두려워하지 않고 담대하게 새로운 모델링을 쏘아 올릴 수 있는 것이다. 이는 마치 매트 위에서 마음껏 뛰노는 어린아이와도 같다. 앞으로 넘어지고 뒤로 넘어져도, 이리 구르고 저리 굴러도 안전한 매트 위에서 다치지 않을 것을 아는 아이가 두려움 없이 새로운 놀이를 시도하듯 말이다. 우리는 검증된 지식들 그리고 관찰된 지식들 위에서 새로운 모델링을 제시하고 이를 검증하는 방식으로 지식을 얻고 생각의 집을 짓는다. 만약 우리가 열심히 노력해서 검증된 지식들을 후대에 많이 남길 수 있다면, 우리 또한 거인들이 되어 후대의 사람들에게 우리의 어깨를 내어주고 있을 것이다.

위대한 발견은 대담한 가설 없이는 이루어지지 않는다.
No great discovery was ever made without a bold guess.

― 로버트 A. 밀리컨(1923년, 노벨물리학)

패러다임 시프트

과학 기술의 역사는 끊임없이 반복되는 과학 혁명의 역사로 설명된다. 예를 들어 어느 한 시대에 사람들이 여러 실험들을 통해서 매우 흥미롭고 새로운 사실들을 확보했다고 하자. 그들은 이러한 사실들을 통합적으로 설명할 이론의 필요성을 느꼈다. 이때를 '전과학(Prescience)' 단계라고 부른다. 이후, 수많은 과학자, 공학자들은 협업을 통해 이론화를 구축하는 데 단서가 되는 구체적인 사실들을 발견했고 이론화에 성공했다. 새롭게 구축된 이론은 시간이 지나도 반증되지 않았고 확고하게 자리 잡았다. 이때를 '정상 과학(Normal Science)' 단계라고 부르며 확립된 이론은 특별히 '패러다임'으로 불린다. 정상 과학의 패러다임 속에서 사람들은 사실을 논리적으로 연결 지어 생각할 수 있게 되고 이를 기반으로 놀라운 기술과 혁신을 만들어 냈다. 그런데 시간이 더 지나자, 기존의 패러다임으로는 설명하기 힘든 또 다른 '이상 현상(Anomaly)'이 발견되기 시작했다. 사람들은 기존의 패러다임으로 덮어보려고 했다. 하지만 그럴수록 기존에 잘 사용해 온 패러다임의 한계가 자명해졌다. 이상 현상에 흥미를 느낀 사람들은 반복된 실험을 통해서 더 많은 이상 현상을 찾아냈고 이를 보고했다. 이때를 '위기(Crisis)' 단계라고 한다. 결국, 이상 현상들과 기존 사실들을 통합적으로 설명하는 새로운 패러다임이 등장하여 기존의 패러다임을 대체시키고 새로운 정상 과학이 만들어지는 패러다임 시프트가 일어난다. 이것을 '과학 혁명(Scientific Revolution)'이라고 부르며 인류 역사는 그동안 수없이 많은 과학 혁명을 경험하며 발전해 왔다.

우리가 열심히 구축한 모델링도 이와 마찬가지이다. 당신이 최선을 다해 검증해 낸 모델링의 토대 위에서 당신이 커다란 성공을 경험했다고 해도 언젠가 새롭게 출현하는 이상 현상에 의해 당신의 모델링에 균열이 나타날 수 있다. 아무리 모델링이 확고해 보여도 언제나 반증 가능성과 불확실성이 존재하는 법이다. 당신이 이상 현상을 얻었고 당신의 모델링에 위기가 찾아온다면, 그것을 위기로 보지 말고 기회로 바라보라. 이상 현상을 넓은 마음으로 포용하라. 이상 현상까지도 통합하려는 노력 속에서 당신을 계속 성공시킬 모델링과 혁신이 만들어지는 것이다. 하지만 만약 이상 현상을 무시하고 모델링을 수정, 보완하지 않는다면 당신의 모델링은 점점 현실과 동떨어진 궤도에 오르게 될 것이다. 이는 마치 갈라진 지층 위에 무리하게 건물을 세우는 것과 같다. 처음에는 균열이 작고 별문제가 없어 보일지라도, 시간이 지나면서 그 틈은 점점 커지고 결국 건물 전체가 무너질 위험에 처하게 된다.

모델링이란 고정된 진리가 아니라, 살아 움직이는 생명체와 같다. 변화하는 환경과 새로운 정보에 따라 끊임없이 조정되고 진화해야만 한다. 당신이 이상 현상을 외면하거나 이를 불편한 존재로 여긴다면, 그것은 곧 당신의 성장 가능성을 스스로 차단하는 것이나 다름없다. 반대로 이상 현상을 기꺼이 받아들이고, 이를 통해 모델링을 더 강하고 유연하게 만들겠다는 태도를 가진다면, 당신의 모델링은 단순한 예측 도구를 넘어 지속적인 혁신의 발판이 될 것이다. 이는 실패를 두려워하지 않고 실험과 학습을 반복하며 진정한 성취로 나아가는 길이다. 그러니 기억하라. 이상 현상은 위협이 아니라 새로운 가능성을 여는 열쇠임을 말이다.

잘나가다 망하는 기업의 교훈

성공하는 기업을 보면 마치 100년 동안 망하지 않을 것처럼 보인다. 안정된 시장 점유율, 강력한 브랜드 파워, 그리고 막대한 수익을 창출하며, 무너질 것 같지 않은 성처럼 여겨진다. 그러나 실제로는 그렇지 않다. 한때 세계를 지배했던 기업들이 변화에 적응하지 못해 무너지는 모습을 우리는 너무도 자주 목격한다. 문제는 단순히 외부 요인의 변화 때문만이 아니다. 오히려, 내부적으로 성공에 취해 기존 모델링을 고수하고, 환경 변화에 적응하지 못하는 것이 더 큰 원인이다. 다음은 이를 잘 보여주는 몇 가지 기업 사례들이다. 블록버스터, 코닥, 노키아, 인텔은 각기 다른 분야에서 세계를 주도했지만, 변화에 대한 대응 실패로 인해 몰락하거나 심각한 위기를 맞이했다. 이들의 이야기를 통해 우리는 모델링이 단순한 예측 도구가 아닌, 끊임없이 변화하고 진화해야 하는 살아 있는 시스템임을 배울 수 있다.

블록버스터의 사례는 변화에 적응하지 못한 기업이 어떻게 시장에서 사라질 수 있는지를 극명히 보여준다. 블록버스터는 한때 전 세계적으로 비디오 대여 시장을 지배하던 거대 기업이었다. 하지만 스트리밍 서비스가 부상하는 초기에 넷플릭스가 블록버스터에 협력을 제안했을 때 그들은 이를 거절했다. 블록버스터는 자신들의 기존 오프라인 매장 중심 모델링이 여전히 강력한 시장 지배력을 유지할 것으로 믿었다. 그러나 소비자들은 점차 디지털 스트리밍으로 이동했고, 넷플릭스는 이 트렌드를 선도하며 블록버스터를 완전히 대체했다. 결과적으로, 한때 업계를 지배하던 블록버스터는 시장에서 사라졌다. 코닥의 사례를 보자. 한때 필름 카메라 시장을 지배하던 이 거대 기업은 디지털카메라의 도래를 예상하지 못했던 것이 아니다. 놀랍게도, 코닥은 세계 최초로 디지털카메라 기술을 개발한 회사였다. 하지만 자신들의 기존 사업 모델링을 지키려는 집착이 디지털 변화를 받아들이는 데 걸림돌이 되었다. '필름은 우리의 핵심이다.'라는 내부의 고정관념이 디지털 시대의 가능성을 제대로 활용하지 못하게 만든 것이다. 코닥은 기존 성공 모델링에 안주했고, 세계 최초의 디지털카메라를 개발했음에도 불구하고 결국 디지털 시대에 경쟁사에 뒤처지며 파산이라는 비극을 맞이했다. 노키아(Nokia)의 사례도 마찬가지다. 휴대전화 시장의 왕좌에 있었던 노키아는 스마트폰의 물결 속에서 무너졌다. 그 이유는 단순히 애플이나 구글과 같은 경쟁자들의 기술력 때문만이 아니었다. 내부적으로는 '우리가 최고다!'라는 자만과 변화에 대한 두려움이 문제였다. 기존의 성공 모델링을 고수하려다 보니 새로운 사용자의 요구와 변화하는 기술 트렌드에 적응하지 못했다. 인텔(Intel)은 기술 산업에서 변화에 뒤처진 대표적인 사례 중 하나다. 인텔은 PC 프로세서 시장을 지배했지만, 스마트폰과 태블릿이 중심이 되는 모바일 시대를 준비하지 못했다. 초기 모바일 프로세서 시장을 선도할 기회가 있었지만, PC 비즈니스 모델링에 안주하며 기회를 놓쳤다. 그 결과, 퀄컴과 같은 회사들이 모바일 칩 시장을 장악하게 되었고, 인텔은 이 시장에서 점점 입지가 약해졌다.

이들 사례는 우리에게 강렬한 교훈을 준다. 모델링은 단 한 번의 완성으로 끝나는 일이 아니라, 끊임없이 수정하고 보완해야 하는 살아 있는 과정이라는 점이다. 시장 환경은 언제든지 변할 수 있고, 한때 완벽했던 모델링도 금세 시대에 뒤떨어질 수 있다. 성공했던 과거를 영원히 고수하려 한다면, 이는 곧 실패의 시작이다. 그러므로 우리는 기존의 모델링을 지속적으로 재평가하고, 변화하는 환경과 이상 현상에 민감하게 반응해야 한다. 실패를 두려워하지 않고, 변화의 신호를 감지할 때마다 과감히 실험하고 학습해야 한다. '지금의 성공이 앞으로도 계속될 것'이라는 믿음은 가장 위험한 함정이다. 결국, 성공은 과거의 성취에 얽매이지 않고 새로운 가능성을 발견하려는 유연성과 지속적인 학습에서 나온다. 당신의 모델링이 단순한 예측 도구에서 벗어나 진정한 혁신의 발판이 되기를 원한다면, 이상 현상을 두려워하지 말고 그것을 활용해 진화를 멈추지 않는 과정으로 삼아야 한다.

모델링에 균열이 나타날 때

개인도 기업과 다르지 않다. 삶을 살아가다 보면 우리가 가진 사고와 경험의 틀, 즉 개인적인 모델링으로는 도저히 설명할 수 없는 이상 현상과 마주치게 된다. 우리의 모델링에 균열이 나타난 셈이다. 그렇다면 이 위기 속에서 기존 모델링의 한계를 인정하고 보다 더 발전된 모델링을 새로 구축하고 검증을 해야 한다. 그래야 우리는 위기 속에서 망하지 않고 계속해서 발전해 나갈 수 있는 새로운 패러다임을 구축할 수 있다. 하지만 현실에서는 종종 반대로 행동한다. 사람들은 부끄럽거나 두렵다는 이유로 이상 현상을 숨기거나 무시하며, 오히려 한계점이 드러난 기존 모델링에 더욱 안정감을 느끼고 집착하곤 한다.

예를 들어, 대기업의 중간 관리자였던 C는 오랜 시간 인정받아 온 자신의 업무 방식에 자신감을 가져왔다. 하지만 최근 부서에서 생산성이 떨어지고 팀원들의 불만이 늘어나기 시작했다. 그는 여전히 '자신이 문제없는 유능한 관리자'라고 믿었고 기존의 조직 관리 모델링을 고수했다. '요즘 사람들은 책임감이 없다!'며 최근의 생산성 저하 문제의 원인을 자신이 아닌 부하 직원에게 돌렸다. 결국 익숙한 방식에 머물러 있었던 C는 계속된 업무 성과 악화와 하위권에 맴도는 조직력 점수로 인해 중간 관리자에서 그만 내려오게 되었고 결국 이직했다.

자영업자 P는 혁신적인 아이디어로 사업을 시작해 매년 목표 매출을 초과 달성하며 성공 가도를 달렸지만, 시장 변화와 예상치 못한 경쟁으로 위기를 맞았다. 매출이 급락하는 상황에서도 그는 자신의 비즈니스 모델이 실패했음을 인정하지 못했다. '내 아이디어가 틀렸을 리 없어!'라는 확신 속에서 기존 모델을 고수하며 더 많은 자금을 투입했지만, 결과는 점점 늘어나는 부채와 결국 폐업이라는 결말로 이어졌다. 만약 P가 초기의 실패를 인정하고 시장의 변화에 맞춰 모델을 수정했다면, 상황은 완전히 달라졌을 것이다.

이러한 사례들은 사람들이 이상 현상 속 자신의 무능이나 잘못이 드러날 것을 두려워할 때 변화를 부정하고 익숙한 틀에 의존하려는 심리를 잘 보여준다. 익숙함은 순간적인 안정감을 줄 수 있지만, 현실은 끊임없이 변화한다. 변화의 흐름 속에서 새로운 모델을 구축하려면 상당한 에너지와 용기가 필요하지만, 이를 회피하면 위기는 더 큰 문제로 번진다. 실제로 이상 현상은 실패의 증거가 아니라 발전을 위한 신호다. 그것은 기존 모델링의 한계를 넘어설 기회를 제공하며, 이를 직면하고 새로운 가능성을 모색할 때 우리는 한계를 뛰어넘고 지속적인 성장을 할 수 있다.

성공의 가장 큰 적은 실패가 아니라 변화하지 않는 성공 모델링이다. 과거의 성공 경험은 안전하고 검증된 방식처럼 느껴지지만, 시간이 흐르며 환경이 변화하면 더 이상 통하지 않는 경우가 많다. 이때 필요한 것은 새로운 모델링으로의 전환, 즉 패러다임 시프트다. 변화를 수용하고 새로운 방식으로 전환하면 위기는 더 큰 성공의 발판이 될 수 있다. 반면, 변화하지 않는다면 결국 뒤처질 수밖에 없다. 패러다임 시프트는 기존의 방식과 안정감을 넘어 자신에 대한 정체성까지 흔드는 어려운 과정이다. 하지만 바로 이 과정이 발전의 기회다. 이상 현상이 우리의 한계를 드러낼 때, 이를 부정하지 않고 더 발전된 새 모델링을 탐색해야 한다. 이상 현상을 받아들이고 패러다임 시프트를 추구한다면 위기는 도약의 기회가 될 것이다.

두려움을 이기는 상상

패러다임 시프트는 기존의 틀을 깨고 새로운 길을 모색하는 과정이다. 이는 우리의 익숙한 안정감을 흔들고, 실패할지도 모른다는 두려움을 불러일으킨다. 그래서 우리는 많은 경우에 우리에게 일어나는 이상 현상들을 무시하고 기존의 모델링을 고수한다. 어떻게 우리는 가장 큰 장애물인 두려움을 극복하고 패러다임 시프트를 경험할 수 있을까?

심리학에서 말하는 손실 회피 경향(Loss Aversion)을 활용하면, 변화의 두려움을 효과적으로 극복할 수 있다. 손실 회피 경향이란 사람들이 이익을 얻는 것보다 손실을 피하려는 경향이 더 강하다는 심리적 원리다. 즉, 우리는 무언가를 잃는 상황을 피하려는 본능적인 반응을 가진다. 이 원리를 적용하는 방법은 매우 간단하다. 바로 변화하지 않을 때 발생할 손실을 구체적으로 상상해 보는 것이다. 이 방법을 통해 당신이 변화를 회피했을 때 느끼게 될 실패와 좌절, 기회 상실이라는 두려움을 느끼게 되면 상대적으로 현재의 두려움은 작아 보인다. 또한 미래의 두려움을 상상하는 과정 속에서 당신은 당신이 기존의 모델링을 고수할 때 느끼게 될 후회를 미리 경험해 보게 된다. 결국 당신은 미래의 손실의 회피를 위해서 그리고 미래의 후회를 최소화하기 위해서, 변화에 대한 용기를 가지고 패러다임 시프트를 하게 된다.

예를 들어, 앞서 이야기한 대기업의 중간 관리자 C가 변화하지 않았을 때의 업무 성과가 악화되는 상황을 상상했다면, 그는 문제의 원인을 부하 직원들이 아닌 자기 자신에서 찾았을 것이고 새로운 조직 관리 모델링을 구축했을 것이다. 또한 자영업자 P가 변화하지 않았을 때의 파산과 모든 것을 잃는 상황을 상상했다면, 그는 자신의 비즈니스 모델에 대한 집착에서 벗어나 새로운 전략을 모색했을 것이다. 손실 회피 경향은 바로 이런 방식으로 우리가 변화의 두려움을 극복하고 행동에 나서도록 돕는다.

우리가 모순을 만난다는 것은 진전을 이룰 희망이 있다는 뜻이다.

How wonderful that we have met with a paradox. Now we have some hope of making progress.

― 닐스 보어(1922년, 노벨물리학)

ововека
6

생각이 근심이 되지 않으려면

생각이 많다는 것은 분명 문제를 깊이 분석하고 창의적인 해결책을 찾는 데 유리하다. 하지만 동시에 이것은 문제를 지나치게 고민하게 만들거나, 해결할 수 없는 것들에 집착하게 하여 스트레스와 걱정을 유발하기도 한다. 장자는 "지자다우(知者多憂)", 지혜로운 자는 근심이 많다고 말했다. 솔로몬왕은 "지혜가 많으면 번뇌도 많으니 지식을 더하는 자는 근심을 더한다."고 말했다. 우리 속담에도 "모르는 게 약이다."라는 말이 있지 않은가? 이와 같이, 생각이 많은 사람은 그만큼 더 많은 근심과 걱정을 떠안고 있는지도 모르겠다.

나는 생각이 근심이 되지 않기를 바란다. 그런데 돌이켜 보면 이것은 쉽지 않았다. 예를 들어, 회사에서 내가 많은 경험을 쌓고 아는 것들이 많아지자 오히려 더 많은 걱정과 고민이 생겼다. 주말에 편히 쉬지 못하고 그다음 주에 일어날 아직 경험하지 못한 일들로 인해서 스트레스를 자주 받곤 했다. 그 걱정 때문에 주말에 출근했던 게 부지기수였다. 연말이 되면 이러한 생각의 저주는 특히 더 심해졌다.

'금년 새로운 프로젝트는 문제없이 잘 돌아갈까?'
'만약 실패하면 어떻게 될까?'
'그리고 성공한다면 그다음은 어떤 스토리로 흘러갈까?'
'올해에도 반도체 생산량과 매출이 늘어날 것으로 예측되는데 반도체 관련 주식들을 매수해야 할까? 어느 정도로 말인가?'
'최근의 출판 트렌드에 맞춰 내가 출판한 책들이 대중들의 관심을 받을 수 있을까?'
'나는 올해 어떤 책을 써야 할까?'
'내 아이의 친구네들은 올해부터 어떠어떠한 교육들을 시킨다는데 우리 아이도 똑같이 하는 게 좋을까?'

이처럼 꼬리에 꼬리를 무는 생각들로 인해 나는 연말이 되면 심한 스트레스를 받았다. 쉽게 해답을 찾지 못해 머리가 복잡해진 나는 마치 연말 종교 의식에 참여하는 것처럼 서점에 가서 나의 걱정과 고민에 대한 온갖 책들을 잔뜩 사서 읽어왔다. 그런데 2023년의 연말은 좀 특별했다. 왜냐하면 새해 행복을 찾고 있는 우리나라 사람들이 쇼펜하우어의 책들을 찾았기 때문이었다. 강용수 작가의 《마흔에 읽는 쇼펜하우어》, 쇼펜하우어의 《남에게 보여주려고 인생을 낭비하지 마라》와 같은 책들이 종합 베스트셀러 순위를 장악했다. 이런 적은 처음이었다. 나는 이 현상에 매우 의아해했다. 왜냐하면 많은 사람들에게 쇼펜하우어는 비관론자의 이미지가 강했기 때문이다.

쇼펜하우어의 메시지

철학자 쇼펜하우어는 행복에 대해 누구보다 치열하게 고민했다. 그리고 그는 이렇게 말했다.

"산다는 것은 괴로운 것이다."

이 말은 허무와 불행을 말하기 위함이 아니었다. 분명 쇼펜하우어는 행복의 길을 걷고 싶었고 사람들과 그 길을 공유하고 싶었다. 어째서 그는 산다는 것이 괴롭다고 말했을까? 그것은 바로 우리의 욕망 때문이었다.

쇼펜하우어는 우리의 인생이 고통스러운 이유가 우리의 욕망이 항상 존재하기 때문이라고 생각했다. 우리의 욕망은 필연적으로 결핍이란 고통을 만든다. 그 고통을 극복하기 위해 우리가 노력해서 결핍을 채우면 우리는 무료함이라는 고통을 느낀다. 이 고통을 극복하기 위해 우리는 또 다른 욕망을 만들어 내며, 또다시 욕망으로 인한 결핍으로 인해 고통이 끝없이 되풀이된다. 이런 식으로 우리는 고통의 굴레로부터 벗어날 수 없다. 쇼펜하우어는 행복해지고자 우리가 불확실한 욕망, 꿈을 채우고자 노력하는 것은 행복해지기 위한 좋은 방법은 아니라고 생각했다.

쇼펜하우어는 행복해지기 위한 혁신적이고 창의적인 묘안을 떠올렸다. 그는 가장 소극적인 것 같지만 가장 적극적인 행복의 길, 가장 불확실할 것 같지만 가장 확실한 행복의 길을 찾았다. 그 방법은 욕망을 더 채우는 것이 아니라, 고통을 줄이는 것이었다. 그는 하나의 고통이 열의 쾌락에 맞먹는 힘을 가졌다고 말했다. 우리는 평소 우리의 건강을 잘 인지하지 못한다. 하지만 우발적인 통증은 확실하게 잘 감지하는 편이다. 우리에게 고통은 언제나 매우 현실적이고 확실한 문제이다. 쇼펜하우어는 우리가 고통을 줄이는 방향으로 노력하며 살아간다면 우리가 더 행복하게 살아갈 수 있을 것이라 믿었다.

나는 2023년 연말, 쇼펜하우어의 책들을 쭉 읽으며 그가 오늘날의 현대인들에게 이렇게 말하고 있다고 느꼈다.

"현대인이여, 불확실한 욕망, 불확실한 꿈, 불확실한 미래를 이루고자 아등바등 살지 말게나! 동시에 그 불확실 속의 두려움과 고통 속에서 우물쭈물하며 살지도 말게나! 미래에 갇히지도 말며 현재에 발목 잡히지도 말며 그저 확실한 것에 집중하며 나아가게나! 그것이 덜 고통스럽고 더 행복한 길일세!"

쇼펜하우어가 말하는 행본론은 불확실한 것, 뜬구름 잡는 것, 근거 없는 것들을 붙잡는 것이 아니다.

'나는 무한한 긍정으로 살아가는 사람이야! 무엇이든 내가 원하는 것은 이루어질 거야! 다 끌어당길 거야!'와 같은 태도로 살아가는 것이 아니다. 바로 확실한 것에 집중하는 삶이다. 확실한 것을 붙잡고 있기에 '될까 안 될까의 늪'에 빠져 우물쭈물하거나 허우적대지 않는다. 불확실하고 이루어지지 못할 것을 붙잡지 않기에 도저히 채울 수 없는 결핍의 고통으로부터 자유롭다.

나는 대기업 부장인 J의 이야기가 떠올랐다. J는 친구들보다도 1년 일찍 부장이 되었다는 사실에 큰 자부심을 느꼈고 더욱더 노력해서 임원이 되겠다는 꿈을 가졌다. 하지만 힘든 업무 노동으로 인해 정신적인 스트레스를 많이 받았고 이명을 시작으로 건강검진 시 발견된 종양(다행히 양성이었다)을 떼어내는 수술까지 하며 건강에 적신호가 생겼다. 병가를 쓰는 동안 J는 자신의 커리어에 대해서 다시 한번 진지하게 고민했다.

"도대체 뭐가 문제인가?"
"의사 말대로 이 모든 것이 업무 스트레스에서 비롯된 것이라면, 그 스트레스의 원인은 무엇인가?"

그는 묻고 또 물었다. 고민한 결과 그는 스트레스의 원인이 '미래의 불확실함'에 있다고 생각했다. 회사에서 성공하고 싶은데. 열심히 일해서 꼭 임원이 되고 싶은데. 그것은 그 누구도 보장해 주지 않았다. 선배, 동기, 후배 중에서 앞으로 임원이 될 후보들은 그가 아니어도 많아 보였다. 그는 계속해서 자신이 실력이 있다는 것을 보여주고자 과할 정도로 일을 했다. 이미 잘하고 있어도 이미 충분히 보여주고 있어도 그는 더 잘해야 한다고 더 보여주어야 한다고 생각했다. 그렇게 그는 자기 자신을 혹사시키면서 일을 했다. 하지만 그런다고 그가 당장에 임원이 될 수 있는 것이 아니었다. 마치 자욱한 안개 속을 달리는 것처럼 회사에서 성공을 거두는 것은 늘 불확실했고 이에 그는 계속해서 자신을 혹사시켰다. 결국 그의 몸이 버티지 못하고 손을 든 것이었다.

스트레스의 원인을 깨달은 J는 불확실한 것을 버리고 확실한 것을 붙잡으며 살아야겠다고 마음먹었다. 그것이 스트레스를 줄이고 그에게 행복을 가져다줄 것이라 믿었다. 그는 노트 위에 그가 할 수 있는 것, 그가 바꿀 수 있는 것, 그가 통제할 수 있는 것을 적었다. 그리고 그것들에만 집중해 보기로 다짐했다. 병가를 마치고 현업에 복귀하자, J는 자신의 노트에 적은 일들을 하나하나 실행하기 시작했다. 그의 능력으로 확실히 해낼 수 있고 바꿀 수 있는 일에 집중해서 업무를 수행했다. 그리고 그가 바꿀 수 없는 것들에 쓸데없이 마음 쓰고 에너지를 소비하지 않았다. 이제 J는 모든 일을 떠맡으려 하지 않았다. 그가 할 수 없는 것은 과감하게 타인에게 위임을 하거나 그렇지 못하면 하지 않았다. 그동안 J는 회사에 와서 '못 한다.'는 말을 쉽게 입 밖에 꺼내지 못했다. 하지만 이제 J는 정말 못 한다면 "못 합니다!"라고 용기내서 말을 했다. 처음 '못 한다.' 말하는 것이 어려웠지, 한 번 '못함'을 표현하자 그다음은 자유롭게 말할 수 있었다. 그 과정에서 그동안 혼자 힘겹게 메고 있던 멍에를 벗어던질 수 있었다. 그렇게 반년이 지났다. J의 말로는 신기하게도 그뿐만 아니라 그의 부서 사람들 모두 과거보다 더 좋아진 것 같다고 했다. 사람들은 전보다 더 확실하고 분명한 목표를 갖게 되었다. 확실한 것에 집중해서 일을 하게 되자 성과도 이전과 다를 바 없이 잘 거두었다. 의도치 않게 J는 부서장 평가에서도 전보다 더 좋은 성적을 거두었다. J는 큰 보람과 기쁨을 느낄 수 있었다. 이와 같이 불확실한 것을 버리고 확실한 것에 집중할 때 당신은 행복해질 수 있다.

확실한 것에 집중하라

NBA 역사상 최고의 3점 슈터로 손꼽히며 2연속 MVP를 수상한 스테판 커리는 농구 슛 연습 시 위대한 NBA 선수들과 자기 자신을 비교하는 덫에 빠지지 말라고 말한다. 왜냐하면 사람마다 각기 다른 체형, 슛 폼을 가지고 있기 때문이다. 커리가 슛 연습에서 강조하는 것은 어제 연습한 노력만큼 오늘도 노력했는지, 어제의 슛 성공률보다 오늘의 성공률이 비슷하거나 조금 더 개선되도록 만들었는지, 연습하는 동안 자신의 슛 폼을 흐트러지지 않고 일관성 있게 유지시켰는지와 같은 노력이다. 커리는 확실한 것에 집중하라고 가르친다. 커리가 매일 수행하는 연습은 '100개의 슛 연습(One Hundred Shot Practice)'이다. 농구 골대를 정면으로 본 뒤, 골대에서 가까운 곳에 위치하여 5개의 슛을 연속해서 다 넣을 때까지 슛을 던진다. 이후, 한 발짝 뒤로 간 뒤 다시 5개의 슛을 연속해서 넣고 다시 한 발짝 뒤로 가서 5개의 슛을 연속해서 넣고 마지막으로 한 발짝 뒤로 가서 5개의 슛을 연속해서 넣는다. 이렇게 처음 위치와 처음 위치에서 한 발, 두 발, 세 발 뒤의 위치에서 각각 5개의 슛을 연속해서 넣으면 20개의 슛 연습이 된다. 이와 같은 연습을 골대 정면 방향이 아닌 대각선 왼쪽 오른쪽 방향, 구석 왼쪽 오른쪽 방향에서 연습하면 추가로 80개의 슛 연습이 된다. 100개의 슛 연습에서 스테판 커리는 연습 초반의 슛 폼을 끝까지 일관성 있게 유지시킬 수 있어야 한다고 말한다. 피로가 누적되어도 동일한 폼을 유지할 수 있어야, 실제 수많은 변수들이 존재하는 경기에서 슛 성공률을 확실하게 높일 수 있기 때문이다. 스테판 커리는 고등학생 시절부터 이 100개의 슛 연습을 수행했다고 한다. 그 당시, 그는 30~40개의 슛을 성공시킬 때면 체력적으로 지쳐서 슛 폼이 흐트러졌다고 한다. 하지만 그는 포기하지 않았고 100개의 슛을 다 성공시킬 때까지 매일 체육관에서 연습했다. 하루하루의 노력들이 쌓인 결과, 그는 늘 같은 폼으로 어떠한 위치에서든 슛을 던질 수 있는 선수가 되었다.

1998년 자신을 해고시킨 애플에 복귀한 스티브 잡스가 가장 먼저 한 일이 무엇인지 아는가? 그가 가장 먼저 한 것은 불필요해 보이는 모든 것들을 제거하는 일이었다. 그는 최고의 제품에 집중하기 위해서는 가치 없는 것들을 포기해야 한다고 생각했다. 그가 복귀했을 때 애플은 15개의 다양한 제품군(다양한 노트북 컴퓨터, 다양한 매킨토시 데스크톱, 프린터, 디지털카메라, PDA 개인용 단말기, 기타 주변기기)을 가지고 있었다. 그는 직원들에게 말했다. "고객들은 어떤 제품을 원하는 걸까요? 제품은 크게 두 가지 일반용 제품과 전문가용 제품이 있습니다. 그리고 각 제품군에 데스크톱과 휴대용 컴퓨터가 있습니다. 우리는 이렇게 네 가지 제품군에만 집중하겠습니다. 그렇게 된다면 우리는 18개월이 아니라 9개월마다 업그레이드된 제품을 출시할 수 있을 겁니다." 스티브 잡스는 또한 당시 진행 중이었던 50여 개의 신제품 개발 프로젝트에도 칼을 댔다. 그는 각 담당자를 만나서 이 일을 왜 하는지 물었다. 그리고 그가 생각할 때 회사 전체의 집중력을 방해하는 프로젝트를 모두 폐기했다. 그 결과 50여 개의 개발 프로젝트 중에서 단 10개의 프로젝트만이 남았다. 스티브 잡스가 불필요한 것들을 제거하자 애플은 가치 있는 것에만 집중할 수 있었다. 그렇게 애플은 아이맥, 아이팟, 아이폰, 아이패드, 맥북과 같이 소수의 제품만을 출시했고 꾸준히 업그레이드 버전을 시장에 선보였다. 그는 자신있게 말했다.

　"혁신은 잘못된 방향으로 진행하거나 무언가를 너무 많이 하지 않도록 수많은 아이디어를 향해 'NO!'라고 말하는 용기에서 시작된다!"

완벽이란 더 이상 무언가를 보탤 것이 없는 상태가 아니라 더 이상 무언가를 뺄 것이 없는 상태이다!"

미래에 백만장자가 되는 것, 값비싼 자동차를 타는 것, 임원이 되는 것 등등의 미래의 꿈과 목표들은 본래 불확실성을 가지고 있다. 당신이 미래의 꿈과 목표에 사로잡혀 하루하루를 살아갈 때, 당신이 비전 있고 열정 있는 사람처럼 보일 수도 있지만, 많은 경우에 현실과 미래의 차이 속에 괴로워하거나 불확실성에 기인한 불안과 걱정 속에 감사함 없이 살아갈 가능성이 높다. 하지만 당신이 커리처럼 오늘 더 나은 당신이 되기 위해 노력을 기울이는 일은 불확실성이 없는 확실한 일이다. 지금 바로 당신이 노력하기로 결단하고 노력하는 데 자기의심과 불확실성이 끼어들 틈이 없다. 확실한 것에 집중하고 확실한 것에 감사하자. 우리가 오늘 노력할 수 있다는 것에 감사함을 느끼며 최선을 다해 살아갈 때, 우리는 하루라는 소중한 시간을 감사히 보낼 수 있고, 성장하는 나 자신의 모습을 보며 보람을 느낄 수 있다. 또한 꾸준한 노력을 통해 내가 점점 더 성장해 나갈 때, 나도 모르는 사이에 내가 내 꿈과 목표에 더 가까워져 있음을 발견하게 된다.

지식의 저주에 빠지지 않는 확실한 방법

우리가 사는 세상에는 엔트로피의 법칙이 항상 작동 중이다. 엔트로피란 '무질서도(어지럽고 질서가 없는 정도)'를 의미하며, 엔트로피의 법칙은 다음과 같이 기술된다.

"특별히 당신이 어떤 시스템 안에 에너지를 투입하지 않는다면 그 시스템의 무질서도는 증가해 간다."

예를 들어 당신이 검은 잉크 한 방울을 물통에 떨어뜨리면 어떻게 되는가? 점점 잉크가 물통 안 이곳저곳으로 어지럽게 확산될 것이다. 또 다른 예로 당신이 집 청소와 설거지를 위해 하루라도 노력을 기울이지 않으면 어떻게 되는가? 집 안 전체는 곧 어지러운 상태가 될 것이다. 만약 엔트로피의 법칙을 반대로 해석한다면, 당신은 어떤 시스템을 질서 있는 상태로 유지하기 위해 계속해서 정리를 해야 한다. 정리를 해야만 당신은 질서 있는 상태, 확실한 상태를 만들 수 있다. 깔끔한 방, 정리된 싱크대, 완성된 제품, 중요한 발표를 위해 체계적으로 연습된 두뇌처럼 말이다.

엔트로피의 법칙은 지식의 저주에 빠지는 우리에게 어떻게 행동해야 하는지 말해준다. 바로 정리를 통해 불확실한 지식들을 걷어내고 확실한 지식들 즉, 검증된 모델링만을 남기는 것이다. 이를 위한 방법으로 '진리표(Truth Table)'가 있다. 나는 진리표를 직장에서 업무하다가 배웠다. 직장에선 진리표를 영어 발음 그대로 '트루스 테이블'이라고 불렀다. 진리표가 등장하는 때는 언제나 일이 잘 진행되지 못하는 순간이다. 불량률이 0.6%에 가까운 불량 이슈를 맡아 개선했을 때였다. 불량률이 0.6%라는 것은 1,000장의 웨이퍼를 생산하면 6장의 웨이퍼를 쓰레기통에 버리는 것과 같다. 만약 한 장의 웨이퍼에 단가 5,000원의 칩이 1,500개가 있다면, 한 장의 웨이퍼를 버릴 때, 750만 원을 버리는 셈이다. 1년에 100만 장의 웨이퍼를 양산한다면 6,000장을 버리게 되니 450억 원이 나가는 것과 같다. 불량을 개선하고자 일곱 부서들이 협업하여 다양한 액션들을 수행했지만 불량률은 개선되지 않았다. 결국 각 일곱 부서들의 임원들까지 참석하는 거대 회의가 열렸고 여기서 가장 먼저 내게 요청된 것은 지금까지 모든 액션들의 결과를 복기해서 진리표를 작성해 공유하는 것이었다. 나는 지금까지 세워진 모델링을 리스트 업 한 다음, 평가를 통해 검증된 것과 검증되지 않은 모델링을 정리했고 그 진리표를 있는 그대로 보고했다. 누구의 생각이 맞았는지 틀렸는지를 이야기하는 건 그리 유쾌한 일은 아니었다. 하지만 복잡한 문제에 빠져 무엇을 해야 할지 혼란스러워했던 우리에게 이것은 꼭 필요했다. 진리표를 공개한 다음 우리는 살아남은 검증된 모델링에만 의지하고 틀린 모델링은 더 이상 이야기하지 않기로 했다. 우리는 검증된 모델링에 기초하여 또 다른 새로운 모델링을 수립했다. 다행히도 그중에 하나의 모델링이 적중해서 우리는 그 0.6% 불량률 이슈를 0%로 완전 개선할 수 있었다.

진리표는 간단히 세 단계로 작성할 수 있다. 종이 한 장을 꺼내보라. 저널 노트라도 상관없다. 첫째, 종이 위에 당신이 고민하고 있는 주제에 대해 당신이 알고 있는 모든 지식들을 리스트 업 해보라. 둘째, 그다음 각각의 지식들이 어떤 근거를 가지고 검증되었는지의 여부를 체크하라. 셋째, 검증되지 않은 지식들 위에 과감히 가로줄을 그어라. 시원하게 찍찍 확 그어라. 진리표를 다 작성했는가? 그렇다면 이제 마법이 일어날 시간이다. 진리표를 통해 불필요한 정보와 불확실성을 제거하면, 당신은 더 명확하고 자신감 있게 결정을 내릴 수 있다. 중요한 점은, 완벽해 보이지 않더라도 충분히 검증된 지식만을 토대로 당신은 흔들리지 않고 앞으로 나아갈 수 있다는 것이다. 진리표는 불확실성에서 오는 두려움을 줄이고, 과감하고 자신 있게 앞으로 나아갈 수 있는 힘을 준다. 또한 진리표는 불확실한 지식 속에서 길을 잃은 우리에게 명확한 방향성을 제시하고, 복잡함 속에서 본질을 파악하게 도와주는 해결책이다. 진리표에 남은 검증된 지식에 의지할 때 지식의 저주에서 벗어나 쇼펜하우어가 말한 확실한 행복이 느껴지는 것을 경험하게 될 것이다.

우리가 과학에서 발견하는 것은 결국 우리 자신을 더 잘 이해하게 하는 것이다.

What we discover in science ultimately leads us to better understand ourselves.

― 한스 베르너(1969년, 노벨화학)

7

소설가처럼
생각하는 법

우리는 관찰된 지식을 기반으로 하여 검증된 모델링 또는 새로운 모델링을 쌓는 방식으로 생각의 집을 지어보았다. 생각을 모델링하는 이 기술은 내가 주업과 부업을 수행하는 동안 늘 동행하는 주요 기본기가 되었다. 예를 들어, 나는 반도체 개발/양산, 과학 연구 진행, 프레젠테이션, 기업 사례 조사, 책 집필, 앱 개발을 수행할 때마다 거의 본능적으로 다음 세 가지 질문을 던지고 답을 찾고자 노력했다. 현재까지 관찰된 사실은 무엇인가? 현재까지 어떤 모델링이 수립되었고 검증되었는가? 나는 어떤 모델링을 새롭게 던질 것인가? 이 질문에 꾸준히 답을 함으로써 나는 내 주업과 부업에서 적지 않은 성과와 커리어를 쌓을 수 있었다. 사실 내가 열거한 활동 분야에는 한 가지 공통점이 있었다. 그것은 그 분야들 모두 논리적 인과관계가 중요하다는 점이었다. 나는 관찰을 기초로 하여 논리적 개연성이 높은 모델링(A → B)을 세웠고 이를 논리적으로 검증해 내는 방식으로 지식들을 하나하나 축적했다. 그런데 말이다. 나는 궁금했다.

"생각을 모델링을 하는 기술이 논리적 인과관계가 덜 중요한 분야, 예를 들어, 소설, 시, 시나리오, 희곡, 서사문학, 에세이, 미술, 음악과 같은 창작 분야에도 적용될 수 있는가?"

나는 이 질문이 매우 중요하다고 생각했다. 왜냐하면 우리는 우리의 인생을 논리적 인과관계만을 따지면서 살아가지 않기 때문이다. 오히려 우리는 논리적 인과관계가 덜 중요한 분야에 더 많은 시간을 할애하며 인생을 즐긴다. 만약 생각을 모델링하는 기술이 논리적 인과관계가 덜 중요한 분야에는 적용될 수 없다면, 이 기술은 분명 반쪽 이하의 기술일 것이다. 반대로 만약 생각을 모델링하는 기술이 논리적 인과관계가 덜 중요한 분야에도 적용된다면, 이 기술은 모든 분야에 활용될 수 있는 매우 강력한 사고법일 것이다.

소설가가 생각하는 법

사실, 논리적 인과관계가 덜 중요한 분야는 셀 수 없이 많다. 각 분야의 사람들이 가진 생각법을 모두 조사하는 건 불가능하다. 그래서 나는 논리적 인과관계가 덜 중요한 분야들을 대표해 '소설' 장르를 선정했고 소설가가 어떻게 생각하는지를 집중적으로 조사했다. 내가 소설을 선정한 이유는 소설 장르가 가장 대중적인 문학 장르이며 그래서 참고할 자료가 가장 많다고 생각했기 때문이다. 또한 소설은 그동안 내가 즐겨 읽던 터라 내게 익숙한 분야이기도 했다. 나는 소설을 쓰는 소설가가 이야기를 창작하는 과정을 연구했다. 그리고 그 창작 과정이 생각을 모델링하는 기술 곧, 관찰과 모델링과 깊은 관련성이 있는지를 확인했다. 그 결과 나는 소설의 창작 과정이 결국 생각을 모델링하는 방식과 본질적으로 같다는 것을 확인했다.

소설가는 이야기를 창조하는 사람이다. 소설의 이야기는 여러 장면의 이야기들로 구성되는데, 장면은 소설에서 시간과 공간이 하나로 통일된, 특정 사건이나 행동이 일어나는 부분이다. 독자는 장면의 이야기 속으로 들어가서 그 상황을 직접 보는 것처럼 생생하게 느끼는 경험을 한다. 이러한 각각의 장면들은 소설가가 전달하고자 하는 아이디어 또는 의도인 콘셉트에 의해서 유기적으로 연결된다.

따라서 소설가가 이야기를 만드는 과정에는 두 가지 중요한 도구가 있다. 하나는 관찰이고, 다른 하나는 콘셉트이다. 관찰은 소설가가 소설 속 장면들을 생생하게 묘사하여 소설의 세계관을 창조할 수 있도록 도우며, 콘셉트는 각각의 장면들을 연결하여 독자의 마음을 사로잡는 플롯을 구성하는 데 필수적이다.

소설가의 첫 번째 도구, 관찰

관찰은 소설가의 첫 번째 도구다. 이는 단순히 눈으로 보는 것을 넘어, 세상의 다양한 면을 깊이 있게 이해하고자 하는 노력이다. 소설가는 사람들의 행동, 감정, 사회적 상호작용, 그리고 자연환경 등 모든 것을 주의 깊게 관찰한다. 이러한 관찰을 통해 소설가는 현실감을 더하고, 독자들이 공감할 수 있는 인물과 상황을 만들어 낸다.

"로메로가 보니 소는 머리를 돌리기 시작했다. 공격할 생각이 없었던 것이다. 로메로는 케이프를 펄럭거려 붉은 색깔이 소 눈에 띄게 했다. 소가 반사적으로 덤벼들어 떠받으려고 하자 번쩍하던 색깔은 없어지고 흰말이 보였고, 또 말 위에 높다랗게 앉아 있는 사내가 몸을 내밀어 기다란 호두나무 자루가 달린 강철 창날 끝을 소의 툭 불거진 어깨에 푹 찔렀다.

그는 가벼우면서도 부드럽게 소를 떼어 놓고 나서 걸음을 멈추고 소의 정면에 똑바로 서서 소에게 케이프를 내밀었다. 소가 꼬리를 곤추세우고 돌진해 오자 로메로는 소 앞에서 팔을 놀리면서 발을 꽉 디딘 채 한 바퀴 원을 그리며 빙 돌았다. 물에 젖고 진흙이 묻어 무거워진 케이프는 바람 탄 돛처럼 활짝 펴졌고, 로메로는 소 바로 앞에서 그 상태로 빙그르르 돌았다.

이렇게 소를 살짝 스쳐 보내고 둘은 또다시 정면으로 마주

섰다. 로메로는 빙그레 미소를 지었다. 황소가 또다시 덤벼들자 로메로는 이번에는 다시 케이프를 반대쪽으로 불룩하게 펼쳤다. 그는 번번이 소를 아슬아슬하게 스쳐 보냈기 때문에 사람과 소와 바람을 안고 소 앞에서 선회하는 케이프가 모두 어우러져 날카롭게 부조(浮彫)된 한 덩어리가 되었다. 모든 것이 굉장히 유유하고 질서정연했다. 마치 소를 잠재우려고 어르는 것 같았다."

- 《태양은 다시 떠오른다》중에서

어니스트 헤밍웨이의 소설 《태양은 다시 떠오른다》에 등장하는 투우 장면은 마치 한 편의 영화처럼 생생하게 펼쳐진다. 그는 군더더기 없는 간결한 문체로 투우사의 정교한 기술과 황소의 본능적인 움직임을 정밀하게 포착해 묘사했다. 이를 통해 독자는 마치 경기장 한가운데 서 있는 듯한 몰입감과 투우의 치열한 긴장감을 느낄 수 있고 단순한 스포츠 경기를 넘어 인간과 운명, 그리고 삶의 치열한 대결을 상징하는 강렬한 드라마 속으로 빠져들게 된다.

무라카미 하루키는 소설가란 관찰은 많이 하고 판단은 조금만 내리는 일을 생업으로 삼는 인간이라고 말했다. 하루키는 그가 일상 속에서 관찰한 세부 사항들을 소설에 자주 담아내는 것으로 유명하다. 하루키는 사람들의 행동과 대화를 관찰함으로써 인물의 내면세계를 깊이 있게 그려낸다. 그리고 그는 그의 소설 속 배경, 예를 들어, 도쿄의 거리나 카페, 일본의 작은 마을 등을 세밀하게 관찰하고 이를 글로 옮기며, 독자들은 마치 그곳에 있는 듯한 느낌을 받는다.

"나는 깨끗이 다림질한 셔츠를 입고 기숙사를 나와 전철역까지 걸었다. 일요일의 학생 구역은 마치 쥐죽은듯이 휑뎅그렁하여 사람 그림자도 거의 없었고, 대부분의 상점들은 닫혀 있었다. 거리의 갖가지 소음은 여느 때보다 한층 또렷이 울려 퍼지고 있었다. 목제 힐이 달린 사보를 신은 여자가 딸깍딸깍 소리를 내며 아스팔트 도로를 가로지르고, 전철 차고 옆에서는 네댓 명의 아이들이 빈 깡통을 나란히 세워 놓고 그걸 겨누어 돌을 던지고 있었다. 꽃집 한 군데가 열려 있기에, 나는 거기서 수선화 몇 송이를 샀다. 가을에 수선화를 산다는 건 좀 이상한 일이었지만, 나는 예전부터 수선화를 좋아했다. 일요일 아침 전철에는 일행인 듯한 할머니 세 분만 타고 있었다. 내가 차에 오르자 할머니들은 내 얼굴과 내 손에 들고 있는 수선화를 번갈아 보았다. 그중 한 할머니가 내 얼굴을 보며 빙긋이 웃었다. 나도 빙그레 웃어 주고는 맨 뒷자리에 앉아, 창 밖을 스쳐 가는 낡은 집들을 바라보았다. 전철은 그 집들의 추녀 끝에 닿을락말락하며 달렸다."

－《상실의 시대》중에서

"눈앞을 지나가는 사람들은 대부분 남녀 커플이었다. 그들은 정말 행복해 보였다. 다들 어떤 특별한 장소로, 어떤 즐거운 것이 기다리는 장소로 발걸음을 옮기는 것 같았다. 사람들의 모습이 그의 마음을 움직임 없는 고요 속으로 점점 이끌었다. 바람 없는 겨울밤, 얼어붙은 나무들처럼 적막에 감싸인 마음. 그러나 거기에 아픔은 없었다. 오랜 세월 동안 특별한 아픔을 느끼지 않을 만큼 쓰쿠루는 그런 마음 속 풍경에 익숙해져 버렸다.″

- 《색채가 없는 다자키 쓰쿠루와 그가 순례를 떠난 해》중에서

이처럼 하루키는 세밀한 관찰을 통해 소설 속 장면을 풍부하게 묘사한다. 그의 세심한 묘사는 단순한 일상조차도 특별하고 의미 있는 순간으로 승화시키며 동시에 주인공의 내면을 깊이 있게 탐구하고 독자가 그 감정을 함께 느낄 수 있도록 이끌어 나간다. 이게 다가 아니다. 하루키의 작품들에서는 현실과 비현실, 즉 일상적인 세계와 초현실적인 사건들이 얽히는 독특한 스타일을 볼 수 있다. 그런데 하루키의 세심한 관찰과 현실적인 묘사는 일상적인 세계 속에서 일어나는 초현실적인 사건이 매우 실제처럼 느껴지게 만들며 독자들은 이를 위화감 없이 받아들이게 된다.

"아오마메는 고개를 뒤로 젖힌 채 하늘을 올려다보고 있었다. 눈은 하늘을 바라보았지만 그녀의 의식은 먼 기억 속을 헤매고 있었다. 다마키와 함께 보낸 시간들, 둘이서 나눈 이

야기들. 그리고 서로의 몸을 더듬었던 일…… 하지만 그러는 사이에 지금 그녀의 눈에 들어오는 밤하늘이 평소에 보던 밤하늘과 어딘가 다르다는 것을 깨달았다. 하늘에는 달이 두 개 떠 있었다. 작은 달과 큰 달. 그것이 나란히 하늘에 떠 있다. 큰 쪽이 평소에 늘 보던 달이다. 보름달에 가깝고 노랗다. 하지만 그 곁에 또 하나, 다른 달이 있다. 눈에 익지 않은 모양의 달이다. 약간 일그러졌고 색깔도 옅은 이끼가 낀 것처럼 초록빛을 띠고 있다. 그것이 그녀의 시선이 포착한 것이었다. 빛의 장난도 아니고 시력이 이상해진 것도 아니다. 하늘에는 틀림없이, 잘못 볼 리도 없이, 또렷한 두 개의 달이 나란히 떠 있다. 노란색 달과 초록색 달."

-《1Q84》중에서

"'안녕하세요?' 하고 육십대 초반의 사나이가 말을 걸었다. 고양이는 얼굴을 조금 쳐들고 낮은 목소리로 몹시 귀찮다는 듯이 인사를 받았다. 늙고 커다란 검은 수고양이였다. '꽤 좋은 날씨군요.' '아아, 그래.' 하고 고양이는 건성으로 대꾸를 했다. '구름 한 점 없습니다.' '…… 지금은 그렇군.' '좋은 날씨가 계속되지 않을까요?' '저녁때쯤부터 흐려질 것 같은데. 그럴 것 같은 기운이 느껴지거든.' 하고 검은 고양이는 꾸물꾸물 한쪽 다리를 뻗으면서 말했다. 그러고는 눈을 가늘게 뜨고 새삼스럽게 사나이 얼굴을 쳐다보았다. 고양이는 어떻게 할까 잠시 망설이고 있었다. 그러고 나서 체념한 듯이 말했다.
'흥, 당신은…… 제법 우리 고양이 말을 잘하네.'"

-《해변의 카프카》중에서

소설가의 두 번째 도구, 콘셉트

소설에서 '콘셉트'란 작품의 핵심 아이디어를 말한다. 콘셉트는 소설의 전체적인 방향과 톤을 결정짓는 요소이며 소설의 수많은 장면들을 유기적이고 일관성 있게 연결시키는 구심점이 된다. 소설의 모든 장면, 캐릭터, 사건들이 소설의 콘셉트와 어떻게 연결되는지에 따라 독자는 이야기를 더 잘 이해하고 몰입할 수 있다. 또한 콘셉트는 소설가 자신의 이야기를 다른 작품과 차별화하는 중요한 요소이다. 독특한 콘셉트를 가진 소설은 독자들에게 신선한 경험을 제공하고 기억에 남을 가능성이 높다.

그렇다면 소설의 콘셉트는 어떻게 표현되는가? 미국의 소설가 래리 브룩스는 소설의 콘셉트는 한 가지 질문의 형태로 표현된다고 말했다. 바로 왓이프(What if) 질문이다. 왓이프 질문은 '만약 (무엇)하다면 어떻게 될까?'라는 식의 가정적이고 발산적인 질문이다. 왓이프 질문을 중심으로 소설가는 플롯을 전개하고, 캐릭터를 발전시키며, 독자들에게 깊은 인상을 남기는 장면을 배치시킨다. 수많은 독자들에게 사랑받은 베스트셀러 소설들에 한 가지 공통점이 있다면 그것은 매우 강렬한 왓이프 질문이 있다는 것이다.

　예를 들어, 하루키의 《1Q84》는 "만약 우리가 살고 있는 세계와 비슷하지만 다른 법칙이 적용되는 평행 세계가 존재한다면?"의 왓이프 질문을 중심으로 장면들이 전개된다. 댄 브라운의 《다빈치 코드》는 "만약 그리스도가 십자가에 죽지 않았다면 그리고 만약 레오나르도 다 빈치가 〈최후의 만찬〉이라는 그림 안에 기독교에 관한 그의 진실과 비밀을 숨겨놓았다면?"의 왓이프 질문을 중심으로 사건들이 긴박하게 돌아간다. 주제 사라마구의 《눈먼 자들의 도시》의 왓이프 질문은 "한 도시에 갑자기 눈앞이 뿌옇게 안 보이는 '실명' 전염병이 퍼진다면? 그리고 이 세상 모두가 눈이 멀고 단 한 사람만이 볼 수 있게 된다면?"이며, 실명이라는 독특한 콘셉트를 통해 대혼돈 속 인간이 살아가는 본질적인 이유를 탐구했다. 한강의 《채식주의자》의 왓이프 질문은 "만약 한 여성이 갑자기 고기를 먹지 않겠다고 결심한다면 그녀의 삶과 주변 사람들의 삶은 어떻게 변할까?"이며 주인공 영혜가 갑작스럽게 채식주의자가 되면서 벌어지는 심리적 갈등과 사회적 반응을 탐구하며, 인간 본성과 폭력성을 깊이 있게 다루었다. 영화 〈매트릭스〉에 지대한 영향을 끼친 1984년의 소설 윌리엄 깁슨의 《뉴로맨서》의 왓이프 질문은 "만약 인간의 의식이 디지털화되어 사이버스페이스에서 자유롭게 이동할 수 있다면?"이었다. 매트릭스라는 가상 공간을 탐험하며 점점 가상 현실과 실제 현실을 구분하기 어려워하는 해커 주인공, 케이스를 통해 가상 현실 속 인간의 정체성을 탐구했다. 스티븐 킹의 소설 《11/22/63》의 왓이프 질문은 "만약 과거로 돌아가 존 F. 케네디 대통령의 암살을 막을 수 있다면?"이었고 시간 여행을 통해 역사적 사건의 중요성과 그것이 현재와 미래에 미치는 영향을 깊이 있게 다루었다.

앞서 왓이프 질문은 가정적이고 발산적인 특징을 가지고 있다고 말했다. 따라서 소설가는 핵심 왓이프 질문을 중심으로 계속해서 창의적인 왓이프 질문을 던지며 소설의 장면들을 연결시킨다. 클라인바움의 《죽은 시인의 사회》의 핵심 왓이프 질문은 "만약 교육 시스템이 전통적인 방식에서 벗어나 학생들에게 자율성과 창의성을 부여한다면 어떻게 될까?"였고 이를 중심으로 새로운 왓이프 질문들, "만약 학생들이 새로운 방식으로 자기표현과 인생의 방향을 찾는다면, 전통적 가치와 충돌하게 될까?" "만약 교육자가 학생들에게 자율성과 비판적 사고를 가르친다면, 그들의 삶에 어떤 변화가 일어날까?"를 통해 자유와 사회적 압박 사이의 복잡한 관계에 대한 이야기가 전개되었다. E. L. 제임스의 《그레이의 50가지 그림자》의 핵심 왓이프 질문은 "만약 한 여성이 자신이 전혀 경험하지 못한 성적 취향과 감정의 세계에 들어가게 된다면?"이었고, 계속해서 새로운 왓이프 질문들 "만약 개인의 숨겨진 성적 욕망이 공개되고, 그것이 사회적 관계와 개인적 삶에 미치는 영향은 무엇일까?" "만약 특정한 성적 관계가 두 사람의 감정적 유대와 신뢰를 강하게 만든다면, 그로 인해 발생하는 심리적 변화는 어떻게 될까?"를 통해 성과 개인의 정체성 그리고 관계의 본질에 대한 이야기가 전개되었다.

그런데 왓이프 질문으로 표현되는 콘셉트는 무엇과 닮아 있지 않은

가? 그렇다! 바로 우리가 지금까지 다루었던 모델링이다. '만약 (무엇) 하다면 어떻게 될까?'의 왓이프 질문은 결국 'A라면 B가 되지 않을까 (A → B)?'라는 모델링과 같다. 소설은 논리적 인과관계가 엄격하지 않은 장르이다. 하지만 소설 이야기의 일관성과 몰입력을 높이기 위해서 소설가는 소설 세계관 속에서 충분히 개연성 높은 모델링을 잘 세워야 한다. 너무 뜬금없는 모델링을 무리수로 던지게 되면 오히려 독자는 흥미와 몰입을 잃어버릴 것이다.

생각을 모델링하는 기술은 모든 분야에 활용된다

관찰과 왓이프 질문으로 대표되는 소설가가 생각하는 법은 관찰과 모델링으로 구성되는 생각을 모델링하는 기술과 같다. 다만 'A → B' 공식으로 표현되는 모델링이 왓이프 질문으로 표현될 뿐이다. 결국, 생각을 모델링하는 기술은 논리적 인과관계가 중요하든 중요하지 않든 거의 모든 분야에서 활용될 수 있는 범용적인 기술이다.

앞서 생각의 집을 짓는 가장 간단한 방법으로, 관찰된 지식 위에 검증된 모델링을 쌓고, 그 위에 다시 새로운 모델링을 쌓는 법을 공유했다. 소설도 이와 마찬가지다. 소설가는 관찰을 통해 묘사한 세계 위에 흥미로운 콘셉트(왓이프 질문)를 쌓고, 그 위에 연관된 콘셉트를 계속 덧붙이며 이야기를 확장해 나간다. 예를 들어, 나는 '사이트릭스'라는 가상세계 이야기를 회사 출퇴근 버스 안에서 구상하기 시작했고, 지금까지 짬이 날 때마다 조금씩 그 이야기를 써오고 있다. 물론 그전에 한 번도 소설을 써본 적이 없었고, 비문학 장르의 글만 써왔던 터라 소설 쓰기는 결코 만만한 일이 아니었다. 글을 써 내려가는 과정에서 자연스럽게 소설가들에 대한 경외심이 생길 정도였다. 어느 퇴근길이었다. 문득 하나의 왓이프 질문이 머릿속을 스쳤다. "만약 현실과 구별할 수 없는 가상 현실이 존재한다면 어떨까?" 이 질문에 강한 흥미를 느낀 나는, 이어서 또 다른 왓이프 질문들을 던지며 이야기의 콘셉트를 쌓기 시작했다. "이 가상 현실에서도 빈부격차가 존재한다면 어떨까?" "누군가는 현실 속에서 할 수 없는 것을 자유롭게 해내지만 다른 누군가는 현실과 마찬가지로 노예처럼 일을 해야 한다면 어떨까?" "현실보다도 더 현실 같은 가상 현실 속에서 한 생명이 태어나면 어떨까?" "그 생명으로 현실과 가상의 경계가 무너져 버리면 어떨까?"

이렇게 나는 소설의 콘셉트를 만들었고 그 세계관 안에서 나는 일어나는 복잡하고 다양한 인간의 이야기들을 상상했고 글로 묘사했다. 그중에서 가장 흥미로웠던 것은 가상 현실 속 인간의 사랑과 그 속에 자란 생명에 대한 이야기이다. "그 생명은 가상인가 현실인가?" "생명의 의미란 무엇인가?"를 주제로 놓고 나는 계속해서 상상의 나래를 펼쳤다. 그 이야기가 바로 내가 써오고 있는 소설《경계의 아이》이며 그것을 간단히 소개하자면 이렇다.

《경계의 아이》

가까운 미래에 엄청난 뇌 공학의 발전으로 인류는 뇌의 모든 영역을 이해하고 해독하기 시작했다. 이에 글로벌 다국적 회사인 제너럴 사이트릭스가 머리에 간단히 장착만 하면 개인의 뇌파 신호와 연동이 되어 자연스럽게 가상세계로 들어가게 해주는 장치 엔트리스를 개발했다. 엔트리스만 있으면 어디서나 사람들은 가상세계 '사이트릭스'에 접속할 수 있다. 사이트릭스 세계는 시스템의 인풋이 없이는 현실과 가상을 구별할 수 없을 정도인데 그 이유는 뇌가 현실을 인지하는 방식 그대로 가상세계를 구축했기 때문이다. 시간, 중력, 과학 법칙 등 모든 것이 현실과의 오차가 무시될 정도이다. 또한 엔트리스의 특수 기술로 사람들은 사이트릭스에 접속만 하면 현실에서 잠을 자지 않아도 된다. 따라서 전 세계 수많은 사람들은 밤이 되면 꿈을 꾸러 사이트릭스에 온다. 자연스럽게 사이트릭스에서는 유흥과 향락이 '판타지아'라는 이름의 거대 산업으로 발전했다. 현실에서 돈 많은 사람들은 밤마다 판타지아를 찾아와 그들의 모든 판타지를 채운다. 반면 돈이 없는 사람들은 밤이 되면 잠을 자지 않고 사이트릭스에 접속해 일을 한다. 사이트릭스에는 전 세계 거의 모든 유명한 기업들이 포진해 있다. 돈이 없는 사람들은 밤이 되어도 이곳에 나와 기계처럼 일하며 그 대가로 '캐시'라는 사이트릭스 화폐를 번다. 직장인 세호는 고향 친구를 따라 판타지아를 방문하게 되었고, 그곳에서 큰 사기를 당한다. 거액의 캐시를 빚지게 된 그는 현실에서 돈을 벌어 갚으려 하지만, 점점 사이트릭스의 영향력이 커지고 캐시 환율이 높아짐에 따라 결국 낮에는 현실에서, 밤에는 사이트릭스에서 일하는 고된 삶을 살게 된다. 한편, 간호사 마리는 여자로서 감당하기 힘든 상처를 겪은 뒤 현실과의 연을 끊겠다는 결심으로 사이트릭스에 들어와 살게 되고, 우연히 세호를 만나게 된다. 두 사람은 서로에게 의지하게 되고 사랑에 빠지게 되는데, 문제는 그들에게 아이가 생긴 것이다. 그 아이가 바로 '경계의 아이'이며, 시스템의 붕괴를 막기 위해 아이를 제거하려는 조직과 아이의 생명을 지키려는 자들 사이에서 치열한 사투가 벌어진다.

상상력은 지식보다 중요하다.

Imagination is more important than knowledge.

— 알베르트 아인슈타인(1921년, 노벨물리학)

8
절대 구라 치지 마라

내가 디램 메모리 신제품 개발 TF(태스크포스)에 참여했을 때의 이야기이다. 우리의 목표는 디램 신제품을 개발하고 개발 제품을 양산 단계로 이관시키는 것이었다. 반도체 제품의 시작부터 끝까지 모든 것을 관찰할 수 있는 정말 좋은 경험이었다. 직경 12인치나 되는 커다란 웨이퍼 안에 1,000~2,000개를 반도체 칩을 만들기 위해서, 우리는 수개월 동안 600~800개의 반도체 공정들을 설계된 스펙대로 정확하게 진행시켜야 했다. 이 공정 중 하나라도 스펙을 맞추지 못한 채 진행하게 되면 웨이퍼의 칩들은 모두 불량품이 된다. 양품을 만드는 이 과정은 셀 수 없이 많은 변수들과 그 변수들의 조합이 존재하기에 상상할 수 없을 정도로 복잡했다. 언제나 그랬듯 우리가 경험한 첫 웨이퍼의 수율은 0%였다. 처음부터 잘될 수는 없는 법. 하지만 우리는 엔지니어이다. 엔지니어는 포기하지 않는다. 엔지니어로서 우리는 불량 현상을 정확하게 관찰했다. 그리고 우리는 관찰된 지식들 위에 제품 수율을 끌어올리기 위한 개선 모델링을 세우고 평가 검증을 했다. 검증된 모델링이 하나둘 쌓이고, 그 모델링이 반도체 공정 변수에 반영되기 시작하면서 기적처럼 서서히 수율은 올라갔다. 1%, 7.5%, 12%, 40%, …(수율은 영업 비밀이라 정확히 표현 불가한 점을 양해 구한다). 수율이 쭉쭉 올라간 만큼 우리의 사기 또한 진작되었다. 회사에서는 수고했다며 개발하는 사람들에게 비싼 소고기를 사주기도 했다. 이와 같이 모든 것이 잘될 것만 같을 때 우리는 수차례 예상치 못한 대형 불량 이슈를 맞닥뜨렸다. 우리가 세심하게 관리하던 수율은 급격히 떨어졌다. 개발 납기는 다가오고 곤두박질친 수율은 회복되지 않고 불량의 정체는 모르겠고. 실무자들은 정말로 피 말리고 긴장되는 순간을 보냈다. 하지만 우리는 엔지니어이며 포기하지 않았다. 우리는 매일 긴급회의를 열었다. 우리는 불량에 대해 모든 현상을 하나하나 세밀하게 분석했고 있는 그대로 거짓 없이 공유했다. 우리는 이를 기초로 가능한 모든 원인들을 모델링하고 검증해 보기 시작했다. 긴급회의 때 논의된 모델링을 검증하는 일은 거의 모두 당일 처리가 되었을 정도로 최우선으로 부서 간 협업되었다. 검증 결과, 증명되지 않은 모델링들은 사람들 앞에서 즉시 폐기되었고 새로운 모델링으로 재수립되어 또 검증되었다. 그리고 검증에서 살아남은 모델링들은 우리에게 불량에 대한 새로운 이해를 가져다주었고 그 지식을 기초로 우리는 불량의 참원인에 대한 근원 해결책을 찾아 수율을 회복시키고 개선할 수 있었다. 나는 이 개발 과정 경험을 통해 다음 한 가지를 확신하게 되었다.

"구라 치지 않는 우주 속에서 우리가 정직함을 지키고 모델링하는 일을 포기하지 않는다면, 우리가 해결하지 못할 문제는 없다."

동시에 나는 다음 한 가지를 덤으로 깨달았다.

"만약 우리가 구라친다면, 혹시나 부끄러워서 진실을 숨긴다면, 우리는 어떤 문제도 제대로 해결할 수 없으며 우리의 해결책은 결국 우리 발목을 잡고 우리를 쓰러뜨릴 것이다."

구라가 만들어 낸 비극

우리나라에서 자란 사람은 "정직하면 오히려 손해를 본다." 다음의 말을 한 번쯤은 들어봤을 것이다. 선진국을 그대로 모방해 빠르게 성장해야만 했던 우리나라에선 경쟁에서 이기고 성공하기 위해서는 정직하면 불리하다는 인식이 자연스럽게 만들어졌다. 적당히 구라 치고 융통성 있게 대응하는 것이 일을 더 잘하는 것이었다. 공공 기관이나 기업 내에서는 구라로 인한 부정, 부패가 만연했고 정직한 사람들이 오히려 불이익을 당하는 사례들이 적지 않았다. 또한 유교 문화의 영향으로 체면을 중시하는 경향이 강한 우리나라에서는 때때로 사실을 숨기거나 왜곡하는 것이 더 나은 선택으로 인식되기도 했다. 이러한 배경에서 '정직하면 오히려 손해를 본다.'는 말은 사회 곳곳에

퍼지게 되었다. 그런데 말이다. 구라를 쳐도 정말 괜찮을까? 적당히 구라를 치면 우리는 손해 보지 않고 유리하게 살아갈 수 있을까? 구라 치는 것은 단기적으로 볼 때 우리에게 손해보다는 이득이 되는 것 같다. 그런데 장기적으로 보면 구라 치는 것은 반드시 우리에게 치명적으로 돌아온다. 구라는 우리가 힘겹게 쌓은 생각의 집을 무너뜨린다. 구라는 우리가 힘겹게 얻은 신뢰를 깨뜨려 버린다. 하나의 구라는 계속해서 또 다른 구라를 양산해 내며, 이 구라의 악순환은 결국 시스템을 무너뜨리고 엄청난 비용을 치르게 만든다. 우리는 구라 치면 안 된다. 절대로 구라 치지 말아야 한다. 제발 구라 치지 말아라. 다음 세 가지 이야기는 구라가 만들어 낸 치명적인 비극 사례이다.

2015년 폭스바겐은 '클린 디젤'이라는 슬로건을 내세우며 디젤 엔진 차량을 대대적으로 홍보하기 시작했다. 당시의 상식으로 디젤 엔진은 가솔린 엔진에 비해 연비 효율성은 매우 뛰어난 장점이 있지만 인체에 치명적인 질소 산화물(NOx)를 가솔린 엔진 대비 수십 배 많이 내뿜는다는 단점이 있었다. 그래서 미국과 유럽 대부분의 국가는 디젤 엔진 차량의 질소 산화물 배출량을 매우 엄격하게 규제하고 있었다. 그런데 폭스바겐은 높은 연비 효율성과 낮은 질소 산화물 배출량을 동시에 달성했다며, 만약 꿈의 자동차가 있다면 폭스바겐의 차가 바로 그것이라 주장했다. 그런데 이것은 엄청난 구라였다.

폭스바겐도 엄격한 질소 산화물 배출 기준을 충족하기란 기술적으로 어려웠다. 그래서 그들은 쉽고, 비용이 들지 않는 구라를 치기로 결정했다. 그들은 자사의 디젤 차량들이 배기가스 규제를 준수하는 것처럼 보이도록 하기 위해 배기가스 테스트 중에만 작동하는 데이터 조작 소프트웨어를 설치했다. 그들은 2009년부터 2015년까지 대략 1,100만 대의 디젤 차량에 이 조작 소프트웨어를 심었고, 그 결과 환경 규제 테스트를 우수한 성적으로 통과할 수 있었다. 그런데 2014년, 미국의 비영리 환경 단체인 국제 청정 교통 위원회는 디젤 차량의 배출가스를 비교하는 학술 연구를 수행하고자 웨스트버지니아대학교의 대기 연구소에 배출가스 테스트를 의뢰했다. 바로 이 연구에서 폭스바겐 차량의 실제 주행 조건에서 배출하는 질소 산화물량이 배기가스 테스트에서 검증된 양보다 훨씬 높다는 이상점이 드러났다. 이 문제는 미국 환경보호청의 추가 진상 규명 조사로 이어졌다. 결국 2015년 9월, 폭스바겐은 배출가스 시험에서만 작동하는 '디젤 엔진 소프트웨어'를 사용하여 질소 산화물 배출량을 조작했음을 시인했다. 구라의 결과는 참혹했다. 미국에서만 250억 달러 이상의 벌금을 지불했고 전 세계적으로 1,100만 대의 차량이 리콜되었고 거의 모든 나라에서 집단 소송이 되어 법적 비용과 배상금 지급을 해야 했다. 여기까지만 우리 돈으로 40조 원의 경제적 손실이 발생되었다. 추가로 브랜드 가치 하락에 따른 폭스바겐 주가는 30% 이상 급락했고 그 결과 33조 원의 시가총액이 증발되었다. 다 합치면 구라로 인해 73조 원의 손실이 발생했다.

다음은 우리나라 기업 대우조선해양에 있었던 일이다. 2008년 글로벌 금융위기와 조선 업계의 경기 둔화로 인해 대우조선해양은 심각한 재무적 압박을 받고 있었다. 매출은 계속 감소했고, 원자재 비용은 증가했으며, 부채는 늘어나고 투자 자금은 제대로 조달되지 않았다. 이 경영난을 타개하기 위해 대우조선해양은 구라를 치기로 결정했다. 2011년부터 2014년까지 그들은 조직적으로 회계 조작을 저질렀다. 그 돈의 규모는 5조 원이 넘었다. 그들은 실제로 발생하지 않은 수익을 회계 장부에 기록해서 수익성을 인위적으로 왜곡시켰다. 또한 그들은 선박 건조 프로젝트에서 발생한 손실과 비용을 적게 반영시키거나 고의로 누락시켰고 회사가 보유한 자산의 가치를 과대평가하여 재무 상태를 좋게 보이게 만들었다. 하지만 2015년 대우조선해양 내부 관계자의 공익 제보를 통해 그들의 구라가 표면 위에 드러났고 한국산업은행, 금융감독원의 외부 감사와 검찰의 수사를 통해 2016년 모든 범죄가 탄로 났다.

대우조선해양의 구라는 엄청난 경제적 손실을 초래했다. 회계 장부 조작으로 초래된 손실은 6조 원이나 되었고, 시가총액 하락은 4조 원이나 되었다. 법적 벌금과 배상금 기불은 2천억 원이 되었고, 대우조선해양의 구조 조정을 위해 한국 정부는 10조 원의 공적 자금을 투입해야만 했다. 종합적으로 대우조선해양의 구라로 인한 경제적 손실은 20조 원 이상으로 추산되었다.

마지막 사례는 우리의 안전을 위협했던 대규모 사고 이슈이다. 2018년 10월 28일 인도네시아 라이온에어 소속의 보잉 737 맥스 항공기가 자카르타에서 출발한 후 추락했다. 이 사고로 189명이 사망했다. 불과 5개월 뒤, 2019년 3월 10일 에티오피아 항공 소속의 보잉 737 맥스 항공기가 아디스아바바에서 출발한 후 추락했고 이 사고로 157명이 사망했다. 이 안타까운 두 사고는 모두 보잉 737 맥스 항공기에 도입된 기술인 자동 비행 보조 시스템, MCAS의 설계 결함으로 밝혀졌는데, 문제는 보잉이 MCAS의 설계 결함을 사전에 알았음에도 이를 은폐하고 구라를 쳐버린 것이었다. MCAS 시스템은 개발 단계에서부터 센서 오작동 시 전체 시스템이 오작동된다는 위험성이 인지되었다. 내부 엔지니어는 이를 경영진에게 보고까지 했으나 경영진은 이를 숨겼다. 그리고 그들은 미국 연방항공청에서 항공기 인증을 받을 때 문제없다고 구라쳤다.

결국 안타까운 두 사고 이후 보잉 737 맥스는 전 세계적으로 운항 중단 조치되었고 이로 인한 손실은 24조 원이었다. 이뿐만 아니라 항공사, 공급업체, 사고 피해자 보상 비용 12조 원, 법무부 합의금 3조 원, 보잉 737 맥스 재고 비용 6조 원, 시가총액 감소 81조 원, 모든 손실을 다 합치면 126조 원이라는 어마어마한 비용이 발생했다.

학계가 구라를 극도로 혐오하는 이유

학계에서 연구 활동을 해본 사람이라면 구라가 얼마나 무서운 짓인지 모르는 사람이 없을 것이다. 학계는 구라를 극도로 혐오한다. 학계에서 구라 치다 걸리면 어떻게 되는지 아는가? 첫째, 구라 친 연구자의 연구는 즉시 철회되고 논문은 학문적 기록에서 완전히 삭제된다. 둘째, 정부 기관, 민간 기관으로부터 받은 연구 프로젝트 자금은 환수된다. 셋째, 구라 친 연구자는 향후 연구 자금 지원을 받을 수 없다. 넷째, 학계에서의 제재로 인해, 구라 친 연구자는 소속 기관(대학 또는 연구소)에 의해 해고, 정직, 강등당할 수 있다. 다섯째, 연구자는 연구 부정행위로 인해 법적 처벌을 받을 수 있다. 여섯째, 학술 커뮤니티에서 배제되어, 논문을 정상적으로 게재할 수 없다. 일곱째, 한 번의 구라 친 연구로 인해 연구자가 평생 쌓아온 신뢰성은 의심받게 되고, 연구자가 이전에 발표한 모든 연구들이 재검토된다.

말만 들어도 무섭지 않은가? 학계에서 구라를 친다는 것은 곧 학계 인생이 끝난다는 것을 의미한다. 이는 회생 불가능하다. 그런데 왜 학계는 이렇게 극도로 구라를 혐오할까? 그 이유는 구라가 학문의 지식 체계를 무너뜨리는 치명적인 독이기 때문이다. 학문은 우리 인간이 힘들게 쌓은 지식의 집이다. 이 집을 구성하는 지식들은 모두 지식인들이 최선을 다해 검증한 결과 참이라고 인정받는 것들이다. 그런데 만약 여기에 비윤리적인 연구자가 구라 지식을 추가하면 어떻게 될까? 구라 지식의 독은 학문 속에 스며들어 마치 적은 양의 효모가 빵 전체를 부풀게 하듯 전체 지식 체계에 커다란 악영향을 끼친다. 구라 지식을 믿고 그 지식 위에 새로운 모델링을 구축한 모든 연구자들의 연구는 결국 무너져 버린다. 더 무서운 것은 구라 지식의 영향으로 현상을 바라보는 연구자의 눈이 왜곡된다는 것이다. 이 왜곡된 렌즈로 인해 연구자는 현상을 그릇되게 바라보고 잘못 해석하기 시작한다. 시간이 지나면 학계 커뮤니티에 속한 연구자들 대부분의 관점이 왜곡되고 그 결과 학문의 진실성과 신뢰성은 심각하게 훼손되어 버린다. 따라서 이를 예방하고자 학계는 구라를 가능한 강력하고 엄격하게 조치하는 것이다.

이는 개인의 경우에서도 마찬가지이다. 당신이 코앞의 이익과 편의를 위해 구라를 친다면, 이 구라로 인해 당신이 공들여 구축한 모델링들은 사상누각이 되어 무너질 것이다. 당신이 구라와 손잡은 이상, 당신이 아무리 깊이 있게 사유할지라도 당신의 철학은 현실적으로 영향력 없고 신뢰할 수 없는 헛된 것으로 전락할 것이다. 또한 당신은 진실이 아닌 구라를 믿고 의지하게 될 것이며 그 결과 당신은 진실에서 벗어난, 전혀 상식적이지 않은 관점을 가진 사람으로 흑화될 수 있다. 우리는 구라를 미워해야 한다. 아니 혐오해야 한다. 우리는 구라를 두려워해야 한다. 절대로 구라 치지 않겠다는 마음으로 살아야 한다.

당신의 구라지수는 얼마인가

나는 거듭해서 절대로 구라 치지 말라고 강조했다. 이는 절대로 구라 치면 안 된다는 강한 기준이 있어야 우리가 구라를 치고 싶은 순간에 또는 혹여나 구라를 치고 난 이후에 우리가 양심의 가책을 느끼고 구라를 다스릴 수 있는 존재가 될 수 있다고 믿기 때문이다. 그런데 사실 우리가 절대로 구라 치지 않는다는 것은 어렵다. 우리들이 도덕적으로 흠 없고, 완전무결한 인간들이 아니기 때문이다. 우리는 때때로 구라의 달콤한 유혹에 빠져 구라를 칠 수 있는 연약한 존재들이다.

그래서 나는 당신이 일상의 상황 속에서 얼마나 구라를 치고 있었는지 곧, 구라지수를 자가 진단하고 지속적으로 구라지수를 낮추기 위해 노력할 것을 제안한다. 다음 구라지수 설문지를 통해 당신의 구라지수를 측정해 보라. 각 설문 문항마다 0에서 3까지 점수를 부여하고(전혀 없다: 0점, 가끔 있다: 1점, 자주 있다: 2점, 항상 그렇다: 3점), 모든 문항의 점수를 합산하여 구라지수 총점을 계산한다. 설문지는 10개의 문항으로 구성되어 있으므로, 구라지수의 총점 범위는 0점에서 30점이다. 구라지수는 지극히 주관적이고 상대적이다. 사람마다 구라에 대한 인식이 다르고 각기 처한 환경도 다르다. 따라서 당신의 구라지수를 타인과 비교하며 의미 부여하지 마라. 만약 처음 측정된 구라지수가 높게 나와도 결과에 연연하거나 걱정하지 마라. 중요한 것은 자신의 취약 구라 항목을 파악하고 최선을 다해 구라를 치지 않도록 노력해서 다음번 구라지수 측정 시 더 낮은 점수를 얻는 것이다.

구라지수 설문지

1. 일상 대화에서 사실을 왜곡한 적이 얼마나 자주 있습니까?
   - 전혀 없다(0점)
   - 가끔 있다(1점)
   - 자주 있다(2점)
   - 항상 그렇다(3점)

2. 자신의 능력이나 성과를 과장한 적이 얼마나 자주 있습니까?
   - 전혀 없다(0점)
   - 가끔 있다(1점)
   - 자주 있다(2점)
   - 항상 그렇다(3점)

3. 다른 사람의 기대를 맞추기 위해 사실을 숨긴 적이 얼마나 자주 있습니까?
   - 전혀 없다(0점)
   - 가끔 있다(1점)

- 자주 있다(2점)
- 항상 그렇다(3점)

4. 자신의 실수를 감추기 위해 사실과 다르게 이야기한 적이 얼마나 자주 있습니까?

- 전혀 없다(0점)
- 가끔 있다(1점)
- 자주 있다(2점)
- 항상 그렇다(3점)

5. 어려운 상황에서 자신을 보호하기 위해 거짓말을 한 적이 얼마나 자주 있습니까?

- 전혀 없다(0점)
- 가끔 있다(1점)
- 자주 있다(2점)
- 항상 그렇다(3점)

6. 원하는 결론을 도출하기 위해 데이터를 유리하게 수정하거나 생략한 적이 얼마나 있습니까?

- 전혀 없다(0점)
- 가끔 있다(1점)
- 자주 있다(2점)

· 항상 그렇다(3점)

7. 책임을 회피하기 위해 사실과 다르게 말한 적이 얼마나 있습니까?

· 전혀 없다(0점)

· 가끔 있다(1점)

· 자주 있다(2점)

· 항상 그렇다(3점)

8. 재미를 위해 사실이 아닌 이야기를 지어낸 적이 얼마나 있습니까?

· 전혀 없다(0점)

· 가끔 있다(1점)

· 자주 있다(2점)

· 항상 그렇다(3점)

9. 자신의 사회적 지위를 높이기 위해 거짓말을 한 적이 얼마나 자주 있습니까?

· 전혀 없다(0점)

· 가끔 있다(1점)

· 자주 있다(2점)

· 항상 그렇다(3점)

10. 확실하지 않은 정보를 레퍼런스 체크 없이 주장한 적이 얼마나 있습니까?

- 전혀 없다(0점)
- 가끔 있다(1점)
- 자주 있다(2점)
- 항상 그렇다(3점)

점수 해석 및 조언

0~5점: 매우 신뢰성이 높은 응답자
- **해석**: 응답자는 거의 거짓말을 하지 않으며, 사실을 왜곡하거나 숨기는 일이 거의 없습니다. 이는 대체로 정직하고 신뢰할 수 있는 사람으로 평가됩니다.
- **조언**: 자신의 진실성과 투명성을 지속적으로 유지하며, 타인에게도 신뢰를 얻는 모습을 보이세요.

6~10점: 신뢰성이 높은 응답자
- **해석**: 응답자는 가끔 작은 거짓말을 할 수 있으나, 전반적으로 신뢰할 수 있는 사람으로 평가됩니다. 상황에 따라 다소 부드럽게 사실을 조정할 수 있지만, 큰 문제가 되지는 않습니다.
- **조언**: 작은 거짓말이 큰 신뢰 문제로 이어지지 않도록, 가능한

한 사실에 충실하게 표현하는 습관을 기르세요. 신뢰를 쌓는 데 중요한 순간에 더 주의를 기울이면 좋습니다.

11~15점: 중간 정도의 신뢰성을 가진 응답자

- **해석**: 응답자는 거짓말을 어느 정도 하는 경향이 있으며, 상황에 따라 신뢰성에 문제가 있을 수 있습니다. 진실과 거짓이 혼재되어 있을 가능성이 있습니다.
- **조언**: 거짓말의 빈도가 높아질수록 신뢰를 잃을 위험이 커집니다. 자신의 말을 더욱 신중하게 하고, 사실을 정확하게 전달하려는 노력이 필요합니다. 신뢰를 회복하려면 진심을 다한 대화가 중요합니다.

16~20점: 신뢰성이 낮은 응답자

- **해석**: 응답자는 자주 거짓말을 하는 경향이 있으며, 신뢰하기 어려운 사람으로 평가됩니다. 사실을 왜곡하거나 숨기는 일이 빈번하게 발생할 수 있습니다.
- **조언**: 신뢰성을 회복하려면 거짓말의 패턴을 인식하고, 이를 개선하기 위한 적극적인 노력이 필요합니다. 타인의 신뢰를 얻기 위해서는 투명한 대화와 정확한 정보 전달이 필수적입니다. 자신의 행동을 점검하고, 더 정직한 태도를 유지하는 것이 중요합니다.

21~25점: 매우 신뢰성이 낮은 응답자

- **해석**: 응답자는 거의 항상 거짓말을 하는 경향이 있으며, 신뢰할 수 없는 사람으로 평가됩니다. 사실을 왜곡하거나 숨기는 일이 일상적일 수 있습니다.
- **조언**: 거짓말을 자주 하는 경향은 결국 관계의 파탄을 초래할 수 있습니다. 자신의 신뢰성을 회복하기 위해서는 행동의 근본적인 변화를 꾀해야 합니다. 과거의 실수를 인정하고, 정직과 투명성을 중심으로 다시 관계를 맺는 노력이 필요합니다.

26~30점: 극도로 신뢰성이 낮은 응답자

- **해석**: 응답자는 거짓말을 매우 빈번하게 하는 경향이 있으며, 전혀 신뢰할 수 없는 사람으로 평가됩니다. 진실을 거의 말하지 않고 사실을 반복적으로 왜곡합니다.
- **조언**: 극단적인 신뢰성 결여는 개인적 또는 직업적 관계에서 심각한 문제를 초래할 수 있습니다. 이 점수를 받았다면, 신뢰 회복을 위한 긴급한 노력이 필요합니다. 전문가의 상담을 받거나, 자기반성을 통해 근본적인 변화를 추구하는 것이 필요할 수 있습니다. 진실을 말하는 습관을 기르고, 타인의 신뢰를 회복하는 데 집중해야 합니다.

첫 번째 원칙은 자기 자신을 속이지 말라는 것이다—당신은 스스로 속이기 가장 쉽다.

The first principle is that you must not fool yourself—and you are the easiest person to fool.

— 리처드 파인만(1965년, 노벨물리학)

9
성공과 실패는 흔적을 남긴다

대학 시절 심심할 때마다 나는 〈CSI: 과학수사대〉 시리즈를 즐겨 보았다. 드라마에는 정말로 다양한 살인 사건들이 등장했고, CSI 팀은 난제의 범죄 사건 현장에서 발견한 아주 작은 흔적을 통해 사건을 극적으로 해결했다. 그 작은 흔적들에는 자동차 시트에서 발견한 미세 섬유, 피해자 손에 묻어 있는 지문, 피해자 집에서 발견된 미세 혈흔과 DNA, 차에 묻은 미세한 흙 성분, 차 안에 남은 미세한 피부 세포, 피해자 몸에 묻은 미세한 유리 조각, 피해자 묘지에서 발견된 미세 물질, 용의자의 손톱에서 발견된 피해자의 피부 세포 등 정말로 다양했다. 나는 무시할 수도 있는 작은 흔적을 통해 커다란 사건이 해결되는 것이 매우 신기했고 흥미로웠다. 그래서 나는 드라마의 에피소드마다 "이번에는 또 어떤 작은 증거들이 등장할까? 혹시 이게 아닐까?" 질문을 던지며 재미있게 시청하곤 했다.

CSI 과학수사의 이론적인 기초를 마련한 사람은 프랑스의 법의학자 에드몽 로카르라고 알려져 있다. 법의학과 화학을 전공했던 로카르는 1910년 프랑스 리옹 지역에 세계 최초의 범죄 연구소를 설립했고 범죄 사건의 법의학적 증거를 체계적으로 분석하는 일을 시작했다. 로카르는 다양한 범죄 사건을 다루면서, 미세한 증거들이 사건 해결에 결정적인 역할을 할 수 있음을 확인했다. 특히, 당시에는 전통적인 증거 수집 방법으로는 찾기 힘든 미세한 법의학적 증거들을 새롭게 발견하고 분석하는 방법을 개발했다. 로카르는 다양한 범죄 사건을 다루면서, 범죄 현장과 관련된 작은 증거들이 사건 해결에 얼마나 중요한지를 깨달았다. 이 과정에서, 로카르는 훗날 CSI 과학수사에 지대한 영향을 끼친 한 가지 법칙, '로카르의 교환 법칙'을 도출하였다.

로카르는 '어떤 두 물체가 접촉하면, 그사이에 물질이 반드시 교환된다.'고 생각했다. 따라서 범죄자가 범죄 현장에 들어갈 때, 범죄자와 현장 사이에 물리적 상호작용이 반드시 일어나며 그 결과 범죄자는 반드시 현장에서 무언가를 남기거나, 현장에서 무언가를 가지고 나간다. 이것이 '로카르의 교환 법칙'이다. 예를 들어, 범죄자가 현장에서 남긴 머리카락, 섬유, 지문, 또는 피해자의 신체에서 남은 미세한 피부 세포, 또는 현장에서 사라진 흙, 섬유, 혈흔 등이 교환 법칙의 흔적이 된다. 오늘날 대부분의 CSI 과학수사는 이러한 교환 법칙의 흔적을 열쇠 삼아 사건을 해결한다.

서두에 내가 CSI 과학수사 이야기를 꺼낸 이유는 우리가 일상 속에서 경험하는 모든 성공과 실패에도 로카르의 교환 법칙이 동일하게 작동한다는 것을 말하고 싶어서이다. 성공과 실패는 아무 이유 없이 발생하지 않는다. 성공과 실패는 반드시 물리적 상호작용을 통해 이루어지며 그 결과 반드시 교환 법칙의 흔적을 남긴다. 그리고 그 흔적은 이제는 우리에게 익숙해진 '모델링'으로 발현된다. 다시 말하면 우리가 경험하고 우리가 관찰하는 모든 성공과 실패 속에서 우리는 반드시 성공 또는 실패의 모델링을 발견할 수 있다. 우리가 성공의 모델링을 파악하고 이를 실행할 수 있다면 우리는 성공할 것이다. 그리고 우리가 실패의 모델링을 파악하고 모델링을 보완하고 검증하고 다시 실행할 수 있다면 우리는 실패에서 벗어날 수 있다.

성공을 훔쳐라

나는 특별하지 않은 평범한 사람이다. 내가 지나친 삶의 장면들을 하나하나 돌이켜 보면 정말 정신없이 열일하며 살았던 것 같다. 아니 열심히 일해야만 했다. 가진 것이 별로 없는 내가 다른 누구의 도움 없이 한 단계 한 단계 발전하려면 내게 다른 방도가 없었다.

"더 부지런해야 해."
"더 공부해야 해."
"더 생각해야 해."
"더 계획해야 해."
"더 더 더 일해야 해."

종종 나는 내가 나 자신을 혹사시키고 있다고 생각했다. 힘들어서 눈물 흘린 적도 많았고 "왜 이리 인생이 빡세고 고달픈가?" 한탄을 한 적도 많았다. 나는 성공해서 잘나가는 사람들이 정말 부러웠다. 그들을 볼 때면 미래에 나도 그들처럼 되고 싶다는 꿈을 꾸기도 했고 그들의 모습과는 너무나도 거리가 먼 현재의 나의 모습을 보며 좌절하기도 했다. 그런 내가 가장 많이 던졌던 두 가지 질문은 다음과 같았다.

"성공한 사람들은 나와는 다른 정말로 특별한 사람들인가?"
"내가 그들의 성공을 배울 수 있는가?"

나는 이 두 가지 질문에 매우 진지했다. 만약 성공한 사람들의 성공이 그들의 특별함에 기인하는 거라면, 특별하지 않은 나는 현재의 모습에 만족하며 그게 내 운명이라고 받아들여야 했다. 그런데 만약 내가 그들의 성공을 배울 수 있는 거라면, 노력을 통해서 조금씩 조금씩 내가 그들과 가까워질 수 있다고 생각했다. 나는 성공한 사람들의 성공을 배울 수 있다는 쪽을 선택했다. 그리고 성공한 사람들을 세심하게 관찰하고 분석하면 반드시 그들을 성공시킨 단순한 모델링을 발견할 수 있다고 생각했다. 그동안 나는 많은 사람들의 성공 이야기를 수집했고 책과 강연을 통해 사람들과 공유해 왔다. 그중 80%는 독서와 강연 참석을 통해서 들은 것이고, 20%는 내 커리어를 쌓는 과정에서 형성된 인맥을 통해 들은 것이다. 사람들의 성공 이야기를 들을 때마다 나는 냉정하게 '그래서 성공 모델링은 무엇인가?'를 습관적으로 물었다. 성공이란 단어만 들으면 조건 반사적으로 모델링을 떠올렸다. 그렇게 매달린 결과 나는 다음 한 가지를 확신하게 되었다.

"구라 치지 않는 우주에 모델링 없는 성공은 없다. 자신에게 적용 가능한 모델링을 훔쳐낸다면 누구나 동일한 성공을 경험할 수 있다."

방금 나는 모델링을 훔치라고 말했다. 훔친다는 표현은 《훔쳐라, 아티스트처럼》의 작가 오스틴 클레온의 말에서 따왔다. 오스틴에 따르면 '훔친다.'는 것이란 타인의 아이디어를 그대로 베끼고 따라 하라는 것이 아니라 '전문가의 아이디어에서 영감을 받아 이를 자신의 상황에 맞게 적용하여 자신의 스타일로 재창조하는 것'을 의미한다. 이 훔치는 기술은 사실 일대다의 강의식으로 이루어지는 일제식 교육을 경험한 우리에게 익숙한 개념은 아니다. 일제식 교육에 참여한 학생들은 강사가 주입하려는 지식을 일방적으로 받아들이는 데 익숙하기 때문이다. 학생들은 강사의 기술을 훔쳐내 자기 것으로 만들 필요를 느끼지 않는다. 그렇다면 우리는 어떻게 성공을 훔칠 수 있을까? 어떻게 성공한 사람들이 경험한 모델링을 나의 것으로 만들 수 있을까? 이를 위해서는 우리는 시간을 거꾸로 돌려 르네상스 시대를 다시 들여다볼 필요가 있다.

르네상스 시대는 예술, 과학, 철학 등 다양한 분야에서 혁신이 일어났던 시기로, 이 시기를 이끈 교육 문화였던 도제식 교육은 그 혁신의 중요한 밑거름이었다. 도제식 교육에서는 경험이 부족한 젊은 이들이 경험 많은 대가의 지도 아래서 실습을 통해 기술을 익혔다. 젊은이들은 대가의 모든 것을 관찰해 대가의 성공 모델링을 훔쳐냈다. 그리고 그 모델링 위에서 젊은이들은 새로운 지식과 기술을 습득했다. 이는 레오나르도 다빈치도 예외가 아니었다.

어린 시절 다빈치는 유명한 화가이자 조각가인 안드레아 델 베로키오의 공방에 들어가 도제 생활을 시작했다. 베로키오의 공방은 오늘날의 것으로 비유하자면 창의적인 과학 연구실과 같았다. 베로키오는 자신의 도제들에게 단순히 명령을 따르게 하는 대신, 관찰과 실험을 통해 스스로 답을 찾도록 격려했다. 이곳에서 다빈치는 당대의 선배들이 이미 검증한 모든 모델링들을 훔쳤고 그 위에서 자신의 호기심과 탐구심을 마음껏 발휘하는 법을 배웠다. 르네상스 시기에는 3차원 공간을 2차원 평면에 실제처럼 표현하는 원근법이 유행했다. 대표적으로 선 원근법이 있었다. 선 원근법은 보통 지평선에 위치한 소실점에서 모든 선이 수렴하도록 그림을 그리면 멀리 있는 물체가 가까운 물체보다 작게 보이게 되어 시각적 깊이가 표현된다는 모델링이다. 다빈치는 선 원근법을 정확히 이해했고 훗날 〈최후의 만찬〉에 선 원근법을 잘 녹여냈다. 이 그림에서 다빈치는 중앙의 예수 뒤에 있는 창문을 소실점으로 설정했고, 모든 선이 이 점을 향해 수렴하도록 배치했다. 이를 통해 인물들이 앉아 있는 공간에 깊이감을 더했고, 관람자가 그림 속 공간에 들어가는 듯한 느낌을 받게 만들었다. 그런데 이게 끝이 아니었다. 다빈치는 '어떻게 하면 그림을 더 입체감 있고 더 현실적이게 만들 수 있을까?' 끊임없이 새로운 모델링을 던지고 이를 검증해 나갔다. 결국, 다빈치는 '대기 원근법'이라는 새로운 모델링을 구축했는데, 이것은 먼 거리에 있는 물체가 대기를 통해 보는 것이기 때문에 덜 선명하고, 푸르스름하게 표현하면 자연스러운 원근법이 만들어진다는 것이었다. 그는 〈모나리자〉에 대기 원근법을 제대로 녹여냈다. 그는 모나리자 뒤의 풍경을 멀리 갈수록 희미해지고 색이 연해지는 방식으로 처리하여, 거리감과 깊이를 표현했고 배경의 산과 강을 푸르스름하고 흐릿하게 표현했다. 이를 통해 모나리자의 배경은 실제 멀리 있는 것처럼 보였다.

다빈치의 사례에서 볼 수 있듯이 성공을 훔치는 방법은 관찰을 통해 모델링을 파악하고 이를 자신의 삶에서 적용해 보는 것이다. 이 과정에서 한 가지 조언을 건넨다면 당신이 관찰한 모델링에 특별한 이름을 붙여보아라. 앞서 최초의 인간 아담이 세심한 관찰을 통해 생물들의 이름을 붙여주었듯 당신이 파악한 모델링에 적합한 이름을 붙여주는 것이다. 2개의 사례를 들어본다.

첫 번째는 친구 S의 이야기이다. S는 전문 투자가가 아닌 평범한 일반 직장인이다. 그런데 S의 투자수익률은 연평균 15%로 전문 투자가들의 수익률을 훨씬 웃돈다. 무엇보다도 S는 2015년부터 지금까지 살벌한 주식 시장의 정글에서 살아남았다. S는 수학 천재도 아니고 일반인들이 따라 할 수 없는 복잡한 투자 기법을 사용하지도 않는다. S에 따르면 여윳돈이 생기기 시작해서 처음 투자를 했을 때 세계에서 가장 투자를 잘하는 사람을 검색했다고 한다. 당연히 검색되는 사람은 워런 버핏이었다. S는 서점에 가서 《워런 버핏의 주주서한》을 구매해 몇 번이고 정독했다. S는 단기적으로 시장을 이기려는 이상한 꼼수 짓을 하지 말고 좋은 기업에 장기적으로 투자하라는 버핏의 메시지에 감동을 받았다. "주식 시장은 활동적인 사람들로부터 인내심 있는 사람들에게 돈을 옮겨주도록 설계되어 있다!" "어떤 주식을 10년 동안 보유할 생각이 없다면, 10분 동안 보유할 생각도 하지 마라!" S는 위대한 기업의 가치는 장기적으로 우상향하기 때문에, 장기적으로 보유하면 반드시 수익을 거둔다는 버핏의 모델링을 발견했다. S는 이 모델링을 '인생 투자'라고 불렀다. 왜냐하면 자신의 긴 인생을 걸고 투자하면 버핏의 말대로 크게 수익을 거둘 것이기 때문이다. S는 한국에서 가장 좋은 기업으로 내가 일하는 삼성전자를 택했다(미국 종목으로는 구글, 애플을 선택했다). 그리고 2015년부터 지금까지 S는 돈이 생길 때마다 삼성전자 주식을 매입해 왔다. 미중 경제 갈등 시기에도 삼성전자를 샀고, 코로나 때도 삼성전자를 샀고, 반도체 경쟁력 하락 등의 위기설이 떠도 삼성전자를 샀다. 그리고 버핏의 말대로 되었다. S는 종종 나에게 "일 좀 똑바로 하라."는 말을 던지기도 한다. 반대로 나는 종종 S에게 "어째 네가 나보다 내 회사를 더 좋아하는 것 같다."고 우스갯소리를 던진다.

두 번째 이야기는 일본의 교육학자 사이토 다카시가 그의 책 《일류의 조건》에서 소개한 마쓰시타 전기의 다나카의 이야기이다. 마쓰시타 전기가 홈 베이커리 기기 개발에 박차를 가하고 있을 때였다. 본래 모든 과정이 수작업으로 이루어지던 제빵의 과정을 자동화하는 프로젝트였다. 하지만 아무리 연구해도 숙련된 기술자가 구운 빵과 자동 제빵기로 구운 빵의 맛은 미묘하게 달랐다. 결국 마쓰시타 전기는 제품 설계 엔지니어였던 다나카 무베라는 직원을 '쓰루야 판시로'라는 오사카의 유명 빵집에 보냈다. 이곳에서 다나카는 숙련된 제빵 기술자의 모든 행동들을 관찰했다. 쉽지 않았던 것은 쓰루야 판시로의 제빵 기술자들이 빵을 만드는 기술은 탁월했지만 본인의 기술을 언어로 표현하는 데에는 많이 서툴렀다는 점이었다. 그럼에도 다나카는 끈질기게 제빵 기술자들을 관찰했고 그들이 빵 반죽을 만들 때 반죽을 비틀어 늘어뜨리는 기술을 쓴다는 것을 발견했다. 다나카는 이 기술이 반죽을 더욱 탄력 있게 만들고 겉바속촉의 식감이 만들어지는 핵심 모델링이라는 것을 깨달았다. 다나카는 이 모델링을 기술자의 행동 그대로 '비틀어 늘어뜨리기'라고 이름 붙였다. 그리고 회사로 돌아가 다나카는 '비틀어 늘어뜨리기'를 개발 엔지니어들에게 전달했다. 엔지니어들은 '비틀어 늘어뜨리기'의 모델링을 기계로 구현하기 위해 반죽 그릇 안쪽에 특수한 홈을 팠다. 그로 인해 주걱으로 밀가루 반죽을 섞을 때마다 반죽이 홈에 걸려서 길게 쭉쭉 늘어나는 동작이 가능해졌다. 이후 수개월 동안 제품의 세부 조건들을 최적화한 이후 결국 마쓰시타 전기는 최초의 자동화 홈 베이커리 제품인 '파나소닉 홈 베이커리'를 출시해 큰 인기를 끌었다.

실패를 복기하라

　나는 세 살 터울의 두 자녀가 있다. 첫째는 딸이고 둘째는 아들이다. 딸이 초등학교에 입학한 그 학기에 특별히 방과후 활동으로 바둑이 열렸다. 안타깝게도 그다음 학기부터는 인원수 부족으로 바둑 수업은 열리지 않았다. 짧은 시간이었지만 딸은 바둑 수업을 정말 좋아했다. 집에만 오면 내 스마트폰을 빌려서 바둑 앱에 접속했고 몇 시간이고 전국의 초등생들과 바둑 대국을 했다. 단 두 달 만에 47급에서 12급까지 급수가 급상승했다. 이후 바둑 수업이 종료되었고 다음 학기에 수업이 열리지 않는다는 말에 딸은 슬퍼서 울었다. 결국 나는 딸을 바둑 학원에 데려갔고 집 안에 바둑판을 들여서 거의 매일 한 판 정도를 딸과 두기 시작했다. 바둑 학원에서 배우다 보니 딸의 바둑 실력은 더 빠르게 상승했다. 처음에 딸은 8점 깔고 나와 접바둑했는데 3개월 만에 깔지 않고 맞바둑으로 두면서 이기고 지기를 반복했다.

　그런데 문제가 하나 있었다. 딸이 바둑에 지나치게 몰입한 나머지 바둑에서 지기라도 하면 심하게 울고 삐지고 부끄러워서 자기 방으로 들어갔다. 아쉽게 패할수록 더 심하게 삐졌다. 좋은 말을 해줘도 쉽게 풀리지 않았다. 때마침 우연히 알 수 없는 유튜브 알고리즘에 이끌러 프로 기사들의 대국 하나를 시청했다. 스킵을 하면서 바둑이 끝날 때를 보았는데, 승패가 갈려도 두 프로 기사들은 자리를 뜨지 않고 바둑 경기에 대해서 생각들을 주고받았다. 그렇게 한참을 떠든 다음에야 자리를 떴다. 그들은 '복기'를 한 것이다. 조사해 보니 바로 이 복기가 프로 기사와 아마추어들 간의 차이점이라고 말한다. 모든 프로 기사는 한 판의 대국이 끝나면 반드시 복기를 통해 자신의 착점과 상대의 착점을 꼼꼼하게 분석한다. 이 과정에서 자신이 실수한 부분, 더 나은 수를 둘 수 있었던 부분, 그리고 상대방의 전략을 깊이 이해하려고 노력한다. 복기를 통해 실수를 반복하지 않도록 학습하고, 새로운 전략을 구상하며, 상대의 스타일을 연구하는 것이다. 복기는 결국 기사의 실력을 향상시키는 가장 중요한 요소인 셈이다.

나는 딸에게 물었다.

"최고의 바둑 기사와 실력이 부족한 사람들 간의 차이점이 무엇인지 아니?"

"바로 복기하는 거야! 학교 갔다 오면 복습하잖아. 바둑에서는 복습을 복기라고 해. 최고의 바둑 기사들은 대국 이후에도 울지 않고 자리에 남아 복기를 해. 서로 무엇을 잘했는지 칭찬하고 무엇이 부족했는지 무엇이 아쉬웠는지를 이야기해. 그렇게 하면서 계속 실력이 크는 거야. 그런데 바둑 실력이 부족한 사람들은 복기를 안 한대."

"그럼 우린 매일 바둑을 두고 있는데 복기를 해야 할까? 안 해야 할까?"

그러자 딸이 말했다.

"당연히 우리도 해야지!"

내 작전에 걸려든 딸은 대국 직후 나와 복기를 했고 대국에서 져도 울지 않고 잘한 점, 부족한 점을 나누기 시작했다. 복기 덕분에 딸의 실력은 더 향상되었다. 무엇보다도 복기를 하면서 부족한 생각을 인정하고 다음번에는 개선해 보겠다는 태도를 갖게 된 점이 매우 고무적이었다.

성공에 반드시 성공의 모델링이 존재하듯, 실패에도 반드시 실패의 모델링이 존재한다. 성공의 모델링을 훔칠 때 성공을 경험할 수 있듯이, 실패의 모델링을 제대로 복기하고 더 나은 모델링을 구축할 때 우리는 실패의 경험을 성공의 경험으로 승화시킬 수 있다. 체면 때문에, 부끄럽기 때문에, 실패를 숨기거나 피하려고만 한다면 이유를 알 수 없는 실패는 계속해서 당신을 괴롭힐 것이다.

실패의 날(Day for Failure)은 매년 10월 13일에 핀란드에서 기념하는 날로, 실패를 긍정적으로 받아들이고 그것을 성장의 기회로 삼는 문화를 조성하는 날이다. 실패의 날은 2010년 핀란드의 대학생들에 의해 시작되었으며, 이후 기업, 단체, 그리고 유명 인사들의 참여로 크게 확산되었다. 실패의 날에는 소셜 미디어와 온라인 플랫폼을 통해 전국적으로 실패와 관련된 이야기를 공유하는 캠페인이 펼쳐진다. 사람들은 해시태그 '#DayforFailure'를 통해 자신의 실패 경험과 그로부터 배운 점을 나누며, 실패를 부끄러워하지 않고 긍정적으로 승화시킨다.

실패의 날과 관련하여 가장 유명한 이야기는 핀란드의 대표적인 기업인 노키아(Nokia)의 실패 이야기이다. 알다시피 노키아는 한때 전 세계 휴대폰 시장을 지배했다. 하지만 노키아는 스마트폰 시대의 도래에 제대로 적응하지 못하면서 큰 실패를 겪었다. 애플의 아이폰과 구글의 안드로이드 플랫폼이 시장을 급속히 장악하는 동안, 노키아는 기존의 운영체제인 심비안을 고수하며 변화에 완전히 뒤처졌고 결국 휴대폰 사업을 마이크로소프트에 매각했다. 그런데 노키아의 회장인 리스토 시라스마는 이 부끄러운 실패를 숨기지 않았다. 오히려 그는 공개적으로 나와 노키아의 실패를 철저하게 복기했다. 그는 당시 기업 내부의 경직된 문화와 변화에 대한 두려움, 그리고 기술 혁신에 대한 안일한 태도로 인해 스마트폰으로의 변화의 필요성을 제대로 인식하지 못했고, 시장의 요구에 민첩하게 대응하지 못했다는 실패의 모델링을 있는 그대로 공개했다. 그리고는 그는 휴대폰 사업의 실패를 새로운 혁신과 도약의 기회로 삼자고 언급했다. 그의 말대로 노키아는 휴대폰 사업 매각 이후 4차 산업 혁명으로 빠르게 진화하는 통신 네트워크 사업 분야에 기업 자원을 초집중했다. 그리고 첨단 기술 트렌드의 요구에 맞는 5G 솔루션 개발을 통해 노키아는 5G 네트워크 기술 부문에서 전 세계적으로 가장 선도하는 기업으로 부활할 수 있었다.

일류 도공의 교훈

일류 도공은 완벽에 가까운 작품을 추구한다. 그들의 작업은 단순히 흙을 빚어 형태를 만드는 것에 그치지 않는다. 오히려 그들은 작품 속에 혼을 불어넣고, 도자기 한 점 한 점이 예술의 경지를 넘나들길 바란다. 이러한 도공에게는 작품의 완성도가 생명과도 같다. 작은 흠집, 미세한 균열, 혹은 마음에 들지 않는 무늬 하나도 용납되지 않는다. 비록 그 작품이 일반인의 눈에는 아름다워 보일지라도, 도공 자신의 기준에 미치지 못한다면 그는 그 작품을 가차 없이 깨뜨린다. 이는 결코 작품을 허투루 대하거나 가볍게 여겨서가 아니다. 오히려 그 반대이다. 도공은 자신의 이름이 붙은 작품이 완벽하기를 바라며, 그만큼의 자부심과 책임감을 가지고 있다. 일류 도공의 손에서 탄생하는 작품은 한 점 한 점이 오랜 시간과 노력이 응축된 결과물이다. 그들은 작품을 파괴함으로써 더 높은 경지의 예술을 향한 끊임없는 열망을 표현한다.

이류 도공 또한 작품에 대한 애착이 있다. 그들도 최선을 다해 도자기를 만들지만, 그 완성도에 있어서는 일류 도공과의 차이가 존재한다. 이류 도공은 작품에 결함이 있음을 알아차리더라도, 그것을 깨뜨리기엔 망설임이 생긴다. 그들에게는 자신이 공들여 만든 작품을 파괴하는 것이 아까운 일이다. 차라리 그 작품을 시장에 내다 팔아 누군가의 손에 쥐어지길 바랄지언정, 자신의 손으로 깨부수기는 어려운 일이다. 그 결과, 이류 도공의 작품은 때로는 불완전한 채로 세상에 나와, 그들의 이름을 빛내기보다는 어딘가에서 묻혀버리곤 한다.

여기서 일류 도공과 이류 도공을 구분하는 가장 중요한 차이를 발견했는가? 그것은 바로 깨뜨릴 수 있는가의 여부이다. 일류 도공은 자신의 기준에 부합하지 않으면 자신의 작품을 깨뜨린다. 그리고 다시 작품을 만든다. 우리가 생각을 모델링하는 데 있어서도 이러한 일류 도공의 자세를 배울 필요가 있다. 방금 전 나는 당신이 성공 사례를 바라볼 때, 성공의 모델링을 훔쳐 당신의 상황에 적용해 보라고 말했다. 또한 당신이 실패를 경험했거나 경험하고 있을 때, 실패를 숨기지 말고 있는 그대로 복기하고 더 나은 모델링을 세워보라고 말했다. 그런데 이를 위해서 반드시 전제되어야 하는 한 가지는 과거의 모델링을 깨뜨리는 것이다. 만약 우리가 기존의 모델링을 깨뜨리지 않는다면 우리는 새로운 모델링을 다시 쌓고 성장할 수 없다. 이는 마치 갑각류가 성장하기 위해서 단단한 껍질을 벗어 던져야만 더 큰 새로운 껍질을 만들 수 있는 것과 같다.

예를 들어, 오늘날 기존의 모델링을 깨뜨리고 새로운 모델링을 도입해 성공한 대표적인 사례는 넷플릭스이다. 넷플릭스는 1997년 DVD 대여 서비스로 시작했다. 2000년대 초반까지 DVD 대여 서비스라는 모델링은 잘 굴러갔다. 하지만 디지털 콘텐츠 소비가 늘어나면서 점점 넷플릭스의 성장은 무거워지기 시작했다. 지금은 망했지만 블록버스터라는 전통적인 비디오 대여점과의 경쟁을 해야 했고,

레드박스라는 신흥 DVD 대여 서비스가 등장하면서 시장 점유율과 수익성은 떨어지기 시작했다. 또한 전국적으로 DVD 대여 서비스를 확장하면서 필연적으로 수반된 배송과 물류 비용은 무시할 수 없는 부담이 되었다. 넷플릭스 창업자 리드 헤이스팅스는 기존의 모델링으로는 한계에 봉착했다고 판단했고 그것을 깨뜨렸다. 그리고 2007년 넷플릭스는 인터넷 스트리밍 서비스라는 새로운 모델링을 구축하여 세계 최대의 스트리밍 플랫폼으로 성장했다.

우린 실패하는 것을 두려워해서는 안 된다. 실패는 배움의 시작이다.
We must not fear failure. Failure is the beginning of learning.

— 마리 퀴리(1903년, 노벨물리학/1911년, 노벨화학)

10 번뜩이는 아이디어를 조심하라

내가 사는 아파트 맞은편으로 5분 정도 걸어가면 상가 거리가 나온다. 매일 이 거리를 지나가다 보니 우리 동네 사람들은 이곳에 어떤 가게가 들어왔고 또 나갔는지를 훤히 꿰뚫고 있다. 이 상가 거리에 한 가지 웃픈 현실이 존재한다. 특정 15미터 정도 구간에 있는 가게들이 매년 망한다는 것이다. 동네 사람들은 이 마의 구간에서 가게 간판들이 수시로 바뀌는 것을 보면서 이렇게 말한다.

"아니 이렇게 계속 망하는데 또 무슨 생각으로 들어오는 걸까?"
"이번 가게는 좀 오래 버텼으면 좋겠는데 얼마나 갈까?"

그 가게 중에는 정말이지 마음씨 좋은 사장님이 운영하는 가게도 있었고 내가 일주일에 두 번씩 자주 가는 가게도 있었다. 그런데 갑자기 폐업 공지가 뜨고 간판이 내려지는 것을 보면 나는 정말 가슴이 아팠다. 분명 가게 사장님들은 성공하겠다는 희망을 가지고 수억을 투자했을 것이다. 그런데 결국 최소 1억 이상 손실을 안고 떠나게 되는 것 정말 불쌍했다. 동시에 이렇게 계속 망하기만 하는데 계속 새롭게 들어와 도전하는 것은 내게 이해가 되지 않았다. 가장 충격적이었던 것은 얼마 전 망한 카페 다음으로 들어온 가게가 또 카페였고 결국 6개월 뒤 그 가게는 사람들의 걱정스러운 예상대로 망해버렸다. 나는 정말 궁금했다.

"왜 망할 수도 있다는 것을 무시하고 또 도전하는 것일까?"
"왜 다른 사람은 망했어도 나의 아이디어는 분명 다를 거라고 생각하는 것일까?"

나는 그 이유를 알고 싶어 심리학 책들을 뒤져보았다. 그리고 대중들에게 잘 알려진 세 가지 인지 편향성을 찾았다. 첫째는 확증 편향이다. 확증 편향은 사람들이 자신의 아이디어나 믿음을 지지하는 정보에 더 큰 비중을 두고, 그에 반대되는 정보를 무시하는 경향이다. 둘째는 과잉 확신 편향이다. 말 그대로 이것은 자신의 판단이나 결정을 지나치게 긍정적으로 평가하는 경향이다. 마찬가지로 과잉 확신 편향은 실패 가능성을 충분히 고려하지 않게 만든다. 셋째는 새로움 선호 편향이다. 사람들은 새로운 것에 대한 매력을 느끼기 때문에, 새로운 아이디어에 과도한 가치를 부여하며 기존의 아이디어보다 더 나을 것이라고 착각한다. 그 결과 충분한 검토나 분석 없이 새로운 아이디어에 몰입하게 된다.

나는 이 세 가지 편향성이 위에 언급한 15미터 구간의 망한 가게 사장님들에게 작용했을 거라 생각한다. 그리고 그 시작은 '번뜩이는 아이디어'가 떠오른 때였을 것이다. 번뜩이는 아이디어, 누구나 한 번쯤은 그것이 떠오를 때의 짜릿함을 느껴본 적이 있을 것이다. 마치 모든 것이 한순간에 명확해지는 듯한 그 순간, 우리는 세상을 바꿀 수 있을 것 같은 확신에 차오른다. 모든 것이 긍정적으로 보인다. 창의적인 생각들이 번뜩이는 아이디어에 꼬리에 꼬리를 물고 계속 확장되어 간다. 이러한 무한 긍정 회로 속에서 당신은 번뜩이는 아이디어를 실행하기로 결단하고 엄청난 자원을 투자해 버린다. 하지만 안타깝게도 실제 현실이 당신의 이상과는 전혀 다르게 펼쳐진다. 이러한 패턴이 바로 번뜩이는 아이디어 증후군이다.

번뜩이는 아이디어가 망하는 이유

번뜩이는 아이디어는 분명 우리의 창의력을 자극하고, 새로운 도전을 가능하게 하는 원동력이 된다. 그런데 번뜩이는 아이디어는 창조의 시작일 뿐이다. 실제의 성공을 경험하려면 번뜩이는 아이디어의 핵심 모델링을 검증하고 이를 기반으로 철저하게 준비하고 실행해야만 한다. 대부분의 번뜩이는 아이디어들이 망한 이유는 단순하다. 그것들이 성공으로 이끄는 검증된 모델링 위에 서 있지 않기 때문이다. 흔들리지 않은 기반 위에 세워지지 않았기 때문에 당신이 아무리 긍정적이고 창의적인 생각들을 쌓고 쌓아도 결국 흔들려 무너지는 셈이다. 우리는 번뜩이는 아이디어를 조심해야 한다.

번뜩이는 아이디어는 대부분 초기 단계에서 매우 흥미롭게 보인다. 하지만 그 모델링이 실현 가능성이 낮거나 거의 없는 경우가 많다. 문제는 그 아이디어를 생각해 낸 사람이 편향성에 갇혀 그것을 쉽게 알아차리지 못한다는 것이고 검증되지 않은 모델링으로 승부를 본다는 것이다. 2000년대 초반 엄청난 기대 속에 출시된 제품 '세그웨이'를 아는가? 세그웨이는 미국의 발명가 딘 카멘이 만든 전동 스쿠터였고 자이로스코프 기술을 이용해 사용자가 몸을 기울임에 따라 자동으로 이동할 수 있었다. 유명인들은 세그웨이에 대한 극찬을 아끼지 않았다. 애플의 스티브 잡스는 "세그웨이는 차보다 더 중요할 것이다."라고 말했고 아마존의 제프 베조스는 "세그웨이가 도시의 재창조를 이끌 것이다."라고 말했다. 딘 카멘이 구상했던 세그웨이의 성공 모델링은 세그웨이의 혁신 기술을 통해 세그웨이가 도시 내 자동차를 대체하는 보편적 개인 이동 수단이 되고 그 결과 교통 혼잡과 환경 문제를 해결하고 더 나아가 보행자 중심의 새로운 도시 인프라(세그웨이 전용 도로, 충전 스테이션, 보관 시설 등)가 구축된다는 것이었다. 하지만, 세그웨이가 실제로 출시되고 보니 현실 속의 수많은 문제들이 노출되었고 딘 카멘의 성공 모델링은 제대로 구현되지 않았다. 먼저 세그웨이의 초기 판매가는 5,000달러로, 대부분의 소비자들에게 부담스러운 금액이었다. 그다음으로 세그웨이는 자전거보다 느리고, 자동차만큼 편리하지 않았으며, 예상보다 균형을 잡기 어려워 보행보다 안전하지도 않았다. 또한 대부분의 도시에서 세그웨이 주행에 대한 명확한 규제나 법적 인프라가 갖춰지지 않았다. 일부 지역에서는 보도에서 사용이 금지되었고, 도로에서도 허용되지 않는 경우가 있어 사용이 매우 제한적이었다. 이러한 이유들로 도시 내 자동차를 대체하는 보편적 개인 이동 수단이 될 거라는 딘 카멘의 모델링은 현실에서 이루어지지 않았다.

그로부터 20년 뒤, 킥보드 공유 서비스라는 이름의 공유 경제 서비스가 전세계에 등장하기 시작했다. 킥보드 공유 서비스는 20년 전 세그웨이의 실패한 모델링을 철저하게 복기하였고 세그웨이와 정반대의 길을 걸었다. 먼저 사용자가 필요한 만큼만 소액을 지불하고 이용할 수 있게 하여 비용 부담을 완전히 없앴다. 또한 킥보드는 조작이 매우 간단하고 직관적이라 모든 연령층이 안전하게 균형 잡고 탈 수 있었다. 무엇보다 인프라 관점에서 킥보드 공유 서비스는 도시 당국과 협력하여 초기부터 안전 기준, 주차 구역, 속도 제한 등을 준수할 수 있도록 물리적, 법적 인프라를 잘 준비했다. 그 결과 킥보드는 대부분의 지하철역이나 버스 정류장 근처에 배치되어, 대중교통과의 연계성을 강화했고, 이를 바탕으로 세그웨이가 해내지 못한 도시 내 교통 시스템을 보다 효율적으로 만드는 일을 해냈다.

익숙한 낯섦을 추구하라

그렇다면 우리에게 번뜩이는 아이디어가 생겼을 때, 어떻게 실패하지 않고 성공 가능성을 높일 수 있을까? 나는 그 힌트를 리처드 파인만에게서 찾았다.

리처드 파인만은 노벨상을 수상한 위대한 물리학자인 동시에 탁월한 교육자였다. 그의 강의는 복잡한 개념을 쉽고 재미있게 설명하는 것으로 유명했다. 파인만이 칼텍(Caltech)에서 1학년과 2학년 학생들을 대상으로 진행된 물리학 강의 노트는 《파인만의 물리학 강의》라는 제목으로 출판되었는데 이 책은 아직까지도 물리학도들의 필독서이다. 나도 오래전 대학교 1학년 때 이 책으로 일반물리학 공부를 했다. 정말 물리학 개념을 이해하는 데 이것은 최고의 치트키였다. 파인만 책이 내게 정말 특별했던 이유는 우리에게 너무나도 익숙한 일상 속의 사례를 시작으로 복잡하고 낯선 이론을 설명해 낸다는 것이었다. 이를 통해 나는 물리학의 개념을 매우 직관적으로 이해할 수 있었다. 파인만의 이러한 강의법은 '익숙한 낯섦'으로 요약된다.

익숙한 낯섦을 잘 보여주는 한 가지 사례를 들어보자. 파인만은 빛의 굴절에 대해 다음과 같이 설명했다. 파인만은 해변에서 물에 빠진 친구를 구하기 위해 물속에서 수영해야 하는 상황을 생각해 보자고 했다. 친구를 빠르게 구하려면 해변에서 물속으로 바로 직선으로 가는 것보다, 해변을 따라 빠르게 달린 후에 물에 들어가는 것이 가장 빠르게 친구에게 도달하는 방법일 것이다. 이것은 우리가 물에서보다 땅에서 더 빠르게 움직일 수 있기 때문이다. 자연스럽게 파인만은 빛이 공기와 물처럼 서로 다른 매질을 통과할 때 어떻게 굴절하는지로 장면을 전환한다. 그리고 말한다. 빛도 우리와 마찬가지로, 한 매질에서 다른 매질로 이동할 때 그 이동 경로가 걸리는 시간이 최소가 되는 경로를 따른다! 물에서의 빛의 속도는 공기에서의 빛의 속도보다 느리다. 따라서 공기에서 물로 빛이 들어갈 때, 빛은 직선으로 들어가는 것보다, 약간 굽어진 경로를 택하여 최소 시간이 걸리도록 움직인다. 바로 이것이 페르마의 최소 시간의 원리에 대한 파인만의 해석이다. 너무나도 직관적이지 않은가?

번뜩이는 아이디어로 실패하지 않으려면 우리는 파인만의 익숙한 낯섦을 배워야 한다. 아무리 좋아 보여도 너무 낯선 아이디어로만 승부하려고 하면 세그웨이의 사례처럼 검증되지 않고 실현 가능성이 부족한 모델링 때문에 실패할 가능성이 높아진다. 하지만 익숙한 낯섦, 곧 익숙한 것 위에 새로운 것을 연결하는 전략은 이미 검증된 모델링 위에 당신의 번뜩이는 모델링을 세우기 때문에 실현 가능성을 높이고 실패 가능성을 낮춘다. 킥보드 공유 서비스가 성공했던 이유는 전동 킥보드라는 대중들에게 친숙하고 주행성, 안정성이 검증된 비즈니스 모델링 위에 좀 낯설지만 크게 떠오르고 있던 앱 기반 공유 비즈니스 모델링을 잘 연결했기 때문이다.

MIT의 미첼 레스닉 교수는 기술과 창의적 학습 환경을 연구하는 '라이프롱 킨더가든 그룹'의 리더이다. 2002년 상상할 수 없는 속도로 발전해 가고 있는 IT 기술의 흐름을 보면서 레스닉 교수는 어린이들에게도 제대로 된 코딩 교육이 필요하다고 생각했다. 그리고 그는 최초로 어린이들만을 위한 코딩 프로그램, '스크래치'를 만들기로 결심했다. 레스닉 교수는 무에서 유를 창조하는 방식으로 스크래치를 만들지 않았다. 그는 당시 프로그래밍 분야에 존재하는 모든 익숙한 기술들을 검토하였다. 그리고 그중에서 어린이들이 쉽게 배울 수 있고, 어린이들이 좋아하는 게임을 만드는 데 효과적인 기술들을 선정해 벤치마킹하였다. 그 결과 레스닉 교수는 아이콘을 드래그-앤-드롭하는 방식으로 코딩을 수행하는 블록 기반 코딩 기술을 기반으로 스크래치를 만들었다. 어린이들은 프로그래밍 언어의 문법을 몰라도 각 기능을 가진 블록들을 끌어다 놓고 퍼즐 조각을 맞추듯 연결하면 자동으로 코딩을 시작할 수 있었다. 또한 레스닉 교수는 게임 제작에 특화된 기능을 가진 블록들을 추가함으로써 어린이들이 스크래치로 쉽게 슈퍼마리오 등 무한한 종류의 게임들을 개발할 수 있는 환경을 만들어 주었다. 이와 같이 익숙한 낯섦을 통해 개발된 스크래치는 2007년 전 세계에 배포되었고 현재 150개국의 학교, 비영리 단체, 코딩 캠프 등에서 활발하게 활용되고 있다.

만약 당신에게 번뜩이는 아이디어가 생겼다면 그리고 그것이 낯설게 느껴진다면, 그 새로운 아이디어 위에 계속해서 새로운 아이디어를 쌓는 식의 업무를 잠시 멈추고 그 낯선 아이디어와 연결 가능한 익숙한 아이디어를 찾아라. 그리고 그 익숙하고 검증된 모델링 위에 당신의 번뜩이는 아이디어를 전개하는 방향으로 모델링을 해보는 것이다. 이 익숙한 낯섦의 추구는 당신이 현재 일하고 있는 곳에서 또는 당신의 일상 속에서 정말로 다양하게 활용할 수 있다. 예를 들어, 처음으로 저지방 식단을 적용해 보고자 할 때, 평소 먹던 음식들에서 지방을 줄이고, 더 많은 채소와 과일을 추가하는 방법으로 식단을 모델링할 수 있다. 매일 저녁 책 읽기를 새로운 습관으로 만들고 싶을 때, 기존의 TV 시청 시간에 맞추어 책 읽기를 시작할 수 있다. 이렇게 하면 기존의 습관을 새로운 습관과 연결하여 자연스러운 변화를 만들어 낼 수 있다. 독서를 좋아하는 당신이 새로운 외국어를 배우고 싶다면, 기존의 독서 습관을 활용하여 매일 10분씩 꾸준히 외국어 학습 자료를 읽는 방식으로 하면 부담 없이 새로운 습관을 만들 수 있다. 사진 촬영을 새로운 취미로 시작하고자 할 때, 사용해 보지 않은 낯선 DSLR 카메라로 거창하게 시작하는 것이 아니라, 기존의 스마트폰 사진 촬영을 기본으로 하여 점진적으로 DSLR 카메라를 사용해 볼 수 있다. 새로운 방식으로 집 안 물건 정리정돈을 시도하고자 한다면, 기존의 물품 정리 방식에 모듈형 수납 박스 아이템을 추가해 정리정돈의 효율성을 높일 수 있다. 테니스 경력이 많은 사람에게 처음 골프를 가르칠 때, 골프의 원리를 테니스에 비유하여 이해하기 쉽게 설명할 수 있다. 시도해 보지 않은 업무 프로세스 변화를 도입할 때, 새로운 프로세스가 기존 방식에서 어떻게 발전했는지를 모델링하고 효과적으로 직원들에게 소개할 수 있다.

혁신은 보통 우리에게 이미 알려진 세계에서 발생한다.
Innovation often emerges from the familiar.

— 존 바딘(1956년, 1972년, 노벨물리학)

11 생각의 새로운 지평 열기

나는 동탄에 살고 있다. 동탄에는 정말 거대한 반도체 생산 단지인 삼성전자 화성캠퍼스가 있다. 나는 이곳에서 근무한다. 전체 캠퍼스의 면적은 약 1,600,000평으로 축구장 1,000여 개가 들어가는 엄청난 크기이다. 그 크기 때문에 동탄 IC를 통해 동탄에 진입하자마자 삼성전자 캠퍼스가 보인다. 동탄에 살고 있는 주민들은 어디에 있든 삼성전자 캠퍼스의 일부를 보게 된다. 내가 살고 있는 아파트에서도 창문을 열면 캠퍼스의 측면이 보일 정도이다.

　문제는 내가 삼성전자에서 일을 하다 보니 휴일 중 회사 건물을 보면 무의식적으로 일을 생각하게 된다는 것이다. 이 현상을 알게 된 계기는 여행을 떠날 때였다. 미국에서 일하다 삼성전자 취업으로 우리나라로 온 첫해부터 나는 동탄에 살기 시작했다. 첫 3개월간은 새로운 일을 배우고 적응하느라 정신적으로 피곤했고 스트레스를 많이 받았다. 그리고 3개월 만에 처음으로 가족들과 여행을 떠났다. 동탄 IC 밖으로 빠져나와 회사가 더 이상 보이지 않는 경부 고속도로를 타고 내려가자마자 신기한 현상이 나타났다. 일, 일, 일. 업무로 꽉 찼던 내 복잡한 머릿속이 갑자기 확 풀리며 일에서 해방된 기분이 들었다. 나는 벅찬 행복 속에서 여행에서 경험할 순간들에 대해 상상의 나래를 펼치기 시작했다. 이 현상에 대해 나는 간만에 하게 된 여행으로 기분이 좋았기 때문에 그런 거라 생각했다. 그런데 그다음 여행들에도 동탄 IC를 빠져나오는 지점에서 비슷한 기분을 경험했고, 여행과 상관 없이 동탄 IC 밖을 나와 다른 곳으로 갈 때에도 동일한 기분 전환을 경험했다. 그때 나는 내 작은 인생에 큰 영향을 끼친 한 가지를 느꼈다.

"내가 익숙한 곳에서 벗어나야 비로소 익숙하지 않은 것을 얻을 수 있구나!"

알다시피, 나는 직장 생활을 하면서 작가 생활을 한다. 마음은 베스트셀러 작가로 사람들에게 영향력을 미치며 직장 생활과 작가 생활을 균형 있게 영위하고 싶었다. 하지만 지금까지 현실적으로 작가 활동으로 벌어들인 수입이 너무 적았기에 그렇게 할 수가 없었다. 언제나 직장 생활은 나의 최우선 순위가 되었다. 평일이면 8시에 회사에 출근하고 8시 넘어야 집에 도착하기 일쑤였다. 그리고 자기 전까지 남은 네 시간 안에 씻고, 가족들과 대화하고, 아이들과 놀고 가르치고 재우고, 글을 썼다. 자기 직전 남은 한 시간이 글을 쓸 수 있는 유일한 시간이었다. 컨디션이 좋을 때는 서재에서 집필하고 있는 글을 계속 이어 쓸 수 있었다. 하지만 대부분 컨디션이 안 좋았는데, 반도체 업무로 가득 차버린 정신 상태로 도저히 새로운 영감을 받아 글을 쓸 수 없었다. 이럴 때면 달리 방도가 없었다. 나는 집을 나가야 했다. 나는 야밤에 운영하는 카페에 갔고 처음 들어보는 음악을 들으면서 새로운 영감으로 글을 썼다. 주말이면 나는 두세 시간 정도의 개인 시간을 가져왔다. 이 시간에 나는 회사도 집도 보이지 않는 카페나 도서관으로 떠난다. 그래야만 새로운 생각들을 할 수 있기 때문이다. 그리고 그곳에서 나는 익숙했던 것들과 결별하고 작가의 시선으로 글을 마음껏 쓴다. 또한 나는 한 달에 한 번은 내가 경험해 보지 않은 현장 강연에 꼭 참석해 오고 있다. 이를 통해 다양한 연사로부터 많은 영감을 받아 풍부한 생각들을 하고 글을 쓸 수 있었다. 바로 이것이 내가 지금까지 작가 활동을 유지해 온 방식이다.

쇼펜하우어에서 한 발짝 더 나간 들뢰즈

현대 예술 이론에 커다란 영향을 끼친 철학자 질 들뢰즈는 사람이나 사물, 눈에 보이는 것이나 보이지 않는 것 등 각각 존재하는 개체를 '기계(Machine)'라고 불렀다. 그에 따르면 당신도 나도 모두 기계이다. 그가 모든 것을 기계라고 부른 이유는 기계란 다른 개체와 접속되어 새로운 의미를 생성시키기 때문이다. 예를 들어, 엔진이 2개의 바퀴와 접속되면 오토바이가 되고, 4개의 바퀴와 접속되면 자동차가 되고, 2개의 날개와 접속되면 비행기가 되는 것이다. 또 다른 예로 SNS가 사진을 만나 인스타그램이 되고, 동영상을 만나 틱톡이 되는 것이다.

앞 장에서 언급했듯 쇼펜하우어는 우리에게 채울 수 없는 욕망이 있기에 우리의 인생이 고통스럽다고 말했다. 들뢰즈 또한 이에 동의한다. 들뢰즈는 욕망이란 채워도 채워도 사라지지 않고 항상 존재하는 것으로 보았다. 그런데 여기서 들뢰즈는 한 발짝 더 나아간다. 들뢰즈는 항상 존재하는 바로 그 욕망이 끊임없이 서로 다른 기계들을 접속시키고 새로운 것을 만들어 내는 힘이라고 보았다. 기계는 욕망을 가지고 있으며 끊임없이 다른 기계들과 접속되어 새로운 의미를 만든다. 여기서 기계들이 서로 접속되어 새로운 의미를 만들어 내는 '배치'를 들뢰즈는 '아장스망(Agencement)'이라고 불렀다. 똑같은 기계들이 있어도 어떤 모양으로 배치되는가 즉, 아장스망에 따라 생성되는 결과물이 다를 수 있는 것이다. 굳이 비유하자면 사주팔자가 완전히 동일한 두 사람이 태어나도 그들이 세상에 접속되어 있는 아장스망이 다르기 때문에 다른 운명을 살게 되는 것이다.

결국 들뢰즈에 따르면 우리가 새로운 생각을 얻기 위해서는 우리 자신을 새로운 아장스망에 내던져서 우리를 새로운 기계들과 접속시켜야 한다는 것이다. 내가 직장 생활 중 작가로 살아남기 위해서 주말 집에서 멀리 떨어진 카페에 가거나 매달 한 번 새로운 강연에 참석하는 것도 다 일맥상통한 이야기이다.

떠나라 그리고 만나라

들뢰즈의 철학은 우리에게 새로움에 대한 깊은 통찰력을 준다. 우리는 흔히 새로운 것에 대해 생각할 때 무에서 유가 만들어지는 '창조'를 떠올리곤 한다. 기존에는 없었던 혁신적인 것, 처음으로 세상에 등장한 발명과 같은 이미지가 연상된다. 하지만 들뢰즈는 새로움이 반드시 완전히 없었던 것에서 나오는 것이 아니라, 기존의 것들이 새로운 아장스망 속에서 연결되고 조합되는 과정에서 발생할 수 있다고 말했다. 즉, 새로움이란 무에서 유로의 창조가 아니라 유에서 유가 만들어지는 '창의'이다. 태양 아래 새로운 것이란 존재하지 않는다는 솔로몬의 유명한 말도 있지 않은가?

자 그럼 지금까지 논의한 내용을 바탕으로 생각의 새로운 지평을 여는 효과적인 방법을 세워보자. 우리는 어떻게 창의적으로 생각할 수 있을까? 바로 익숙한 아장스망에서 떠나 새로운 아장스망을 만드는 것이다. 그렇다면 어떻게 새로운 아장스망을 만들 수 있는가? 즉, 우리는 어떤 기계들과 접속해야 하는가? 우리는 새로운 기술, 새로운 제품, 새로운 문화, 새로운 기획, 새로운 행사, 새로운 음악, 새로운 책 등 셀 수 없이 많은 기계들과 접속할 수 있다. 우리가 접속할 수 있는 기계들의 수는 무한 가지이며 그 결과 만들 수 있는 아장스망 또한 무한 가지이다. 그렇다면 우리는 어떤 기계든 간에 가능한 많이 접속해야만 하는 것일까? 아니다! 우리는 새로운 기술, 새로운 제품 등 새로운 기계들을 만들고 움직여 내는 본질에 집중할 필요가 있다. 그렇다! 바로 사람이라는 기계이다. 우리가 생각의 새로운 지평을 열기 위해서는 익숙한 사람들에게서 좀 떠나 새로운 사람들과 접속할 필요가 있다. 새로운 사람들과의 접속을 통해 형성되는 아장스망 속에서 이전에는 경험해 보지 못한 창의적인 생각들이 생성된다. 다시 말하지만 아장스망에서 가장 중요한 것은 사람이다.

메아리 방에서 나오는 법

인간은 본능적으로 유유상종을 추구한다. 자신의 생각을 지지해 주는 비슷한 사람들과 함께 있을 때 우리는 심리적 안정감을 느낀다. 그러나 오랜 시간 변함없이 비슷한 사람들만 만나는 경우 우리의 사고는 경직되고 편향된 시각이 강화되는 결과가 만들어질 수 있다. 이 효과를 메아리 방 효과라고 부른다. 메아리가 울리는 방에서는 바깥의 소리를 들을 수 없고, 자신이 낸 소리만 반복적으로 들린다. 마찬가지로 비슷한 사람들과 만나 같은 정보를 반복적으로 접하다 보면 마치 그것이 모든 사람의 의견인 양 착각하게 된다. 이렇게 같은 정보들로 형성된 그룹 내에서는 자신들이 가지고 있는 정보가 전부라고 믿게 되어, 다른 시각을 수용할 여지가 점점 더 좁아진다. 결국, 이런 메아리 방 속에 갇힌 사람들은 정보의 외딴섬에 머물게 된다. 그들이 접하는 정보는 제한적이며, 다양성이 결여되어 있는 것이다. 이들은 외부의 다른 의견이나 새로운 정보를 접할 기회를 상실하며, 자신의 목소리가 타인의 목소리처럼 들리게 되는 편향된 환경 속에서 살아간다.

우리는 때때로 유유상종의 본능을 이겨내고, 새로운 '사람들에게 접속'해 그들의 다양한 의견과 새로운 시각을 접해야 한다. 그래야만 우리는 메아리 방에서 벗어날 수 있다. 여기서 중요한 개념은 바로 '사람들에 접속한다.'는 것이다. 나는 '새로운 사람들을 만나라.'고 말하지 않았다. 물론 새로운 사람들을 실제로 만나는 것은 매우 효과적인 방법이지만, 일반적으로 사람들을 만나는 것은 부담스럽고 비용이 드는 일이다. 게다가, 새로운 사람들을 만나는 것은 더더욱 부담스럽게 느껴질 수 있다. 따라서 새로운 사람을 직접 만나려고만 하는 방법은 현실적으로 많은 사람들에게 어렵고 지속 가능하지 않다.

우리는 '사람들을 만난다.'는 개념을 넘어, '사람들에게 접속한다.'는 의미로 확장할 필요가 있다. 사람들에게 접속한다는 것은 단순히 직접 대면하는 것을 넘어서, 온라인 커뮤니티 참여, 웨비나(웹 세미나)

등 사람들을 직접 만나지 않고도 그들의 영향을 받을 수 있는 모든 방법들을 포함하는 개념이다. 이렇게 사람들에 접속하면 부담 없이 지속 가능한 방식으로 새로운 사람들과 교류할 수 있다.

내 이야기를 하자면, 나는 원래 사람들을 만나는 것을 좋아했고, 그들에게서 힘을 얻는 유형이었다. 그러나 나이가 들고, 직장에서 바빠지며, 어린아이들을 키우다 보니 사람들을 자주 만나고 다니는 것이 점점 부담스럽게 느껴졌다. 자연스럽게 회사와 집만을 오가며, 회사 사람들과 가족, 그리고 몇몇 동네 지인들과만 교류하는 나 자신을 발견했다. 새로운 사람들을 만나고 새로운 영감을 얻고 싶었지만, 현실적으로 매우 어려운 일이었다.

그러던 중, 들뢰즈의 철학에 접하면서 내 생각에 큰 변화가 생겼다. '사람을 만난다.'는 개념이 '사람들에게 접속한다.'는 개념으로 확장되었다. 그저 새로운 사람들에게 접속해 그들의 생각을 듣기만 해도 충분하다고 생각하니 나는 사람들을 만나 친해져야 한다는 부담감으로부터 자유로울 수 있었다. 이후 나는 사람들에 접속하는 여러 방법을 찾아 시도해 보았고 그 결과 지금까지 꾸준히 실행하고 있는 두 가지 루틴을 만들었다. 마찬가지로 당신도 당신의 일상 속에서 실행 가능한 루틴을 만들어 보길 권유한다.

사람을 읽는 독서

첫 번째는 책이다. 내가 작가가 된 이후로, 책을 대하는 나의 태도는 전과 크게 달라졌다. 작가가 되기 전에는 그저 책 자체가 좋아서 읽었다. 책이 주는 즐거움, 그 세계에 빠져드는 것이 목적이었다. 그러나 작가가 된 후에는 책을 읽는 이유가 달라졌다. 나는 책을 써야 하기 때문에 책을 읽었다. 직장 생활을 주업으로 하면서도 작가 생활을 포기하지 않으려다 보니, 작가로서 경쟁력을 유지하기 위해 강박적으로 많은 책을 읽어야 한다고 생각했다. 그래서 자연스럽게 책의 내용을 '내가 쓰는 글과 얼마나 관련이 있는가.'라는 잣대로 평가하고, 책의 콘텐츠에만 집중하는, 다소 무미건조한 독서 습관이 자리 잡았다.

그러던 중 들뢰즈의 철학을 접하고 나서, 나는 책을 읽는 이유가 또 한 번 바뀌었다. 이제 책을 읽는 것은 단순히 글을 쓰기 위한 도구가 아닌, 작가를 만나기 위한 과정으로 변했다. 작가를 만나기 위해 책을 읽기 시작한 이후, 독서에 대한 내 태도는 깊이 있는 변화를 겪었다. 예전에는 서점에 갈 때 주로 "어떤 신간이 나왔는가?" "어떤 책이 베스트셀러인가?" 같은 질문을 던지곤 했다. 그러나 이제는 "오랜만에 만나게 될 작가는 누구인가?" "그들은 어떤 삶을 살았는가?"와 같은 사람 중심의 질문들이 떠오르기 시작했다. 과거에는 책을 읽을 때 책 작가의 얼굴과 목소리를 몰라도 전혀 상관없었다. 하지만 이제는 작가의 유튜브 영상이나 팟캐스트를 보거나 SNS를 팔로우하며, 책의 내용보다도 그 작가 자체를 더 깊이 이해하려 노력한다. 때로는 SNS 댓글을 남기거나 이메일로 책을 읽고 느낀 점을 공유하며 작가에게 응원의 메시지를 보내기도 한다. 이렇게 작가를 이해하게 되면, 책의 내용은 훨씬 더 입체적으로 다가온다. 이제 책은 더 이상 단순한 정보의 집합체가 아니라, 한 인간의 삶과 경험, 그들의 철학이 녹아든 하나의 작품으로 느껴진다. 이러한 변화는 나의 독서 경험을 훨씬 풍부하고 의미 있게 만들어 주었다. 마치 친해진 사람과의 경험이 오래 기억되듯이, 친해진 작가의 메시지는 나의 세계를 구부러뜨릴 듯 강렬하게 기억되었다. 이렇게 나는 매월 한 명의 작가와 깊이 있게 접속하고 있으며, 이러한 독서 방식을 나는 '사람을 읽는 독서'라고 부른다.

교육 세미나 참석

사람을 읽는 독서와 마찬가지로 나는 매월 하나의 교육 세미나에 반드시 참여한다. 한국에 와서 일을 시작한 2017년부터 지금까지 이 루틴을 이어오고 있다. 이렇게 매월 교육 세미나에 참석하는 이유는 바쁜 일에 매몰되어 자기계발을 포기한 직장인이 되고 싶지 않아서였다. 그래서 나는 회사 교육, 지역 공공 기관, 대형 서점, 교육 전문 기관 등을 통해 내가 원하는 교육들을 부지런히 신청했다. 리더십,

글쓰기, 독서, 말하기, 코칭, 멘토링, 문학평론, 영화평론, 대중음악, 미술사, 과학사, 와인 즐기기, 인공지능, ChatGPT 활용, 가치 투자, 기업 분석, 트렌드 분석, 날씨 분석 등 정말로 다양한 분야의 교육 세미나에 참석했다.

이렇게 참석한 교육 세미나에서 얻은 지식과 통찰은 나의 성장과 발전에 큰 밑거름이 되었다. 단지 지식의 축적에 그치지 않고, 내 안에 새로운 관점과 아이디어를 불러일으키는 촉매제가 되었다. 나는 다양한 분야의 강사와 참가자들과 소통했고 직장에서 흔히 접하지 못할 다양한 시각을 배우고 그 안에서 나만의 통찰을 끌어낼 수 있었다. 특히 글쓰기와 사고력의 깊이가 더욱 깊어졌다고 느꼈는데, 솔직히 매년 한 권씩 책을 쓸 수 있었던 것도 이러한 세미나에서 얻은 영감을 실천에 옮긴 결과였다. 교육을 통해 얻게 된 경험과 지식은 단순히 학습에 그치지 않고 내 글과 사고에 스며들어, 직장인으로서의 나와 작가로서의 나를 동시에 성장시키는 원동력이 되었다.

과학에서의 중요한 발견은 종종 예기치 않은 방향에서 온다.
The most important discoveries in science often come from the unexpected.

— 짐 알리슨(2018년, 노벨생리학·의학)

12

질문할 수 있는
공간의 힘

우리 인간이란 이 세상을 살아가면서 자신의 생각을 실현하는 존재이다. 인간이 있기 전에 존재한 것들을 제외하고 이 세상에 있는 것 중에 인간의 생각이 반영되지 않은 것은 단 하나도 없다. 생각이란 무엇인가? 나는 생각이란 '궁금한 것에 대한 답을 추구하는 과정'이라고 생각한다. 그런데 궁금한 것은 질문을 통해 구현화되기 때문에, 생각이란 결국 '질문에 대한 답을 추구하는 과정'이다. 생각은 질문과 떼려야 뗄 수 없는 불가분의 관계이며 본질적으로 생각은 질문이고 질문은 곧 생각이다. 새로운 생각이 세상을 변화시키듯, 새로운 질문은 세상을 변화시키는 힘을 지닌다. 사무실에서건, 회의실에서건, 서재에서건, 거실에서건, 부엌에서건, 카페에서건, 도서관에서건, 길거리에서건, 강연장에서건, 광장에서건 사람들은 좋은 질문을 자유롭게 던지고 그 공간을 긍정적으로 변화시키길 꿈꾼다.

두려움 있는 조직

그런데 현실은 녹록하지 않다. 사람들은 질문하기를 두려워한다. 삼성 그룹, SK 그룹, LG 그룹, 현대 그룹, 대학교, 정부 기관 등 서로 다른 조직에서 일하고 있는 지인들과 이야기해 본 결과, 대부분의 조직 문화에서 질문하는 건 매우 부담스러운 일이며, 심지어 권위에 대한 도전으로 여겨진다. 여기서 잠깐 한 가지 개념을 짚고 넘어가 보자. 하버드 경영대학원의 에이미 에드먼슨 교수는 그녀의 책《두려움 없는 조직》에서 '심리적 안정감'을 다음과 같이 정의했다.

> 심리적 안정감이란 구성원이 업무와 관련해 그 어떤 의견을 제기해도 벌을 받거나 보복당하지 않을 거라고 믿는 조직 환경이다.

여기서 '의견'은 곧 '생각'이기 때문에, 더 나아가 '생각'이란 방금 언급한 대로 '질문'으로 발현되기 때문에, 우리는 심리적 안정감을 '질문'이라는 키워드로도 간단히 재정의할 수 있다.

> 심리적 안정감이란 모든 구성원이 어떤 질문이든 자유롭게 말할 수 있다고 확신하는 조직 환경이다.

안타깝게도 수많은 우리나라 조직 문화는 심리적 안정감이 부족한 참으로 두려움 있는 조직이다. 비유하자면 요철이 툭툭 나와 있는 딱

딱한 콘크리트 바닥 위에서 설치된 놀이터와 같다. 넘어지면 크게 다치니 사람들은 새로운 질문과 멋진 생각을 가지고 있어도 무시받을까 봐, 질책받을까 봐, 실패받을까 봐, 튀어 보일까 봐 그들의 값진 진주를 꺼내지 않는다.

나는 사람들이 자유롭게 질문하지 못하는, 심리적 안정감이 결여된 조직 문화를 마주할 때마다 안타까운 마음이 든다. 질문이 허용되지 않는 분위기에서는 구성원들의 생각이 자연스럽게 공유되지 못하고, 그로 인해 서로의 생각이 연결되어 만들어지는 창의적인 아이디어의 수는 줄어들 수밖에 없다. 아이디어가 줄어들면 양질의 결과물을 만들 기회도 제한되며, 결국 조직 전체의 성과가 저하되는 악순환이 발생하게 된다. 수년 전 가을, 내가 겪은 경험은 이 같은 조직 문화가 어떤 결과를 초래하는지를 여실히 보여주었다. 당시 메모리 산업 전반에 걸쳐 기술 경쟁력에 대한 우려가 커지면서, 회사 전체에 위기의식이 감돌고 있었다. 나는 한 프로젝트팀에 합류했는데, 초기 단계부터 여러 문제가 수면 위로 드러나기 시작했다. 선행 개발된 기술의 완성도가 기대에 미치지 못했고, 기술적 불안정성 탓에 프로젝트는 좀처럼 진척되지 않았다. 문제를 해결하기 위한 회의가 반복되었지만, 기술적 방향성은 좀처럼 명확히 잡히지 않았다. 회의 분위기는 점차 경직되고 무거워졌다. 무엇보다 안타까웠던 점은 회의 중 자유롭게 질문하거나 다양한 의견을 제시하는 것이 큰 부담으로 작용했다는 점이었다. 발표자들은 말을 아끼며 조심스러웠고, 누군가의 질문이나 제안이 비판이나 질책으로 이어질 수 있다는 불안감이 팽배해 있는 듯했다. 한 회의에서는 주관자가 권위적인 태도로 회의를 진행하며 지나치게 지시 위주의 소통을 하자, 구성원들은 크게 위축되어 소극적으로 대응했다. 한 친구는 회의 중 비판을 받자 떨리는 목소리로 울먹이며 답했고, 답변 말미에 "죄송하다."는 말까지 덧붙였다. 회의가 끝난 뒤 그는 회의실을 나가 울음을 터뜨렸다. 몇몇 사람들은 업무 스트레스로 인해 심리적으로 지쳐갔고, 결국 다른 부서로 옮기거나 새로운 기회를 찾아 회사를 떠나는 사례도 생겨났다. 이런 환경은 구성원들의 창의성과 자율성을 억누르며, 결과적으로 조직의 성과에도 부정적인 영향을 주게 되었다. 그 여파는 예상치 못한 방식으로 드러났고, 책임 있는 위치에 있던 이들은 그 결과를 고스란히 감당해야만 했다. 이 경험은 내가 앞으로 어떤 조직 문화를 지향해야 할지를 깊이 고민하게 만든 전환점이 되었다.

이때의 큰 충격으로는 나는 부서장으로서 반드시 해야 할, 반드시 사수할 최우선 순위로 '심리적 안정감'을 정했다. 나는 심리적 안정감이 있는 공간, 사람들이 자유롭게 질문하고 그 질문에 대해 자유롭게 답을 할 수 있는 공간만이 가치 있는 생각이 태동하고 위대한 성과를 만들 수 있다고 믿었다. 그리고 내가 속한 공간에 심리적 안정감을 불어넣을 수 있는 방법을 찾고자 매월 하루를 조직 리더십 교육에 투자했다. 나는 내가 배운 것들을 실제로 시도했다. 시행착오 끝에 나는 조직 공간에 심리적 안정감을 불어넣는 매우 효과적인 방법들을 습득했다. 이 방법들은 내가 속한 부서가 매년 준수한 성과를 내고 그 결과 팀에서 내가 최연소 그룹장이 되는 데 큰 도움이 되었다.

무지를 인정하라

공간에 심리적 안정감을 불어넣는 첫 번째 방법은 무지를 인정하는 것이다. 매우 간단하다. '내가 모른다.'는 것을 인정하는 것이다. 뭔가를 모른다는 것은 신이 아닌 인간에게 매우 당연한 것이다. 하지만 동시에 그것은 시시때때로 신처럼 되고 싶어 하는 인간에게 매우 부끄러운 것이다. 소크라테스가 독배를 마시고 죽었던 이유가 무엇이 있는가? 소크라테스는 무지를 인정하는 것이야말로 진정한 지혜로 가는 길임을 설파했지만 무지가 폭로되어 버린 권력자들, 정치인들, 시인들로부터 커다란 분노와 미움을 샀다. 무지에 대한 치욕을 감당할 수 없었던 사람들은 소크라테스를 제거함으로써 그 불편함을 없애려 했다.

소크라테스의 죽음은 상징적으로 우리가 무지를 수용하지 못할 때 집단은 새로운 생각과 질문을 억압하게 되고 그 결과 발전하고 성장하지 못한다는 것을 알려준다. 이는 지금 우리에게도 여전히 중요한 메시지다. 무지를 치욕으로 받아들이는 대신, 그것을 인정하고 함께 탐구하고자 할 때 집단의 성공을 위해 반드시 필요한 심리적 안정감이 형성된다.

　무지를 인정하는 것은 조직 내에서 얼마나 많은 지식을 알고 있는지와 상관없이 실행되어야 한다. 나는 다음 말을 자주 언급한다. "가능한 리더부터 적극적으로 모른다는 것을 인정해야 합니다." 임원 K는 하늘을 찌를 것 같은 에고(Ego)를 가진 사람이었다. 그 에고만큼 그는 아는 것이 많았다. K는 팀 내 돌아가는 모든 상황을 하나하나 다 파악하고 있었다. 겉으로 볼 때 K는 임원임에도 불구하고 실무 담당자보다도 더 정확하게 일을 파악하고 있는 듯했다. 그렇다면 사람들은 모르는 것이 없는 척척박사 K에게 적극적으로 질문했을까?

　아니다. 실제는 완전히 정반대였다. 회의 때 K는 자신의 지식수준이 높다는 것을 은근히 자랑했다. 그는 사람들에게 어려운 질문을 한 뒤, 그 질문에 대해 그가 원하는 수준으로 답이 나오지 않으면 사람들을 위에서 가르치거나 훈계하는 태도로 지식을 공유했다. 사람들은 회의 때 모르는 것을 부끄러워했다. 그들은 어떻게든 모르는 것이 드러나지 않게끔 발표 내용을 가능한 유리하거나 잘 아는 것만 남기는 방향으로 만들었다. 그리고 그들은 회의 때 거의 질문을 하지 않았다. 그렇게 수년간 일했던 사람들의 말에 따르면, 그들은 열심히 일을 하지만 성장하고 발전하는 느낌이 들지 않았다고 한다.

　정말 리더부터 솔선수범해서 모르는 것을 인정해야 한다. 정말로 부끄러워해야 할 것은 모르는 것이 아니라 모르는 것을 알고도 계속해서 모르는 채로 남아 있는 것이다. 꼭 질문해 달라 말해도, 거리낌 없이 의견을 달라 아무리 요청을 해도 무지가 인정되지 않는다면 조직의 구성원들은 절대 질문하지 않을 것이다. 나는 부서장으로서 다음과 같이 말하며 무지가 인정되는 조직을 만들고자 노력했다. 정말 큰 효과를 경험했으며, 고연차뿐만 아니라 신입들까지도 회의 때 궁금한 것을 질문하는 것을 볼 때마다 매우 뿌듯했다.

"여러분 모르는 것, 궁금한 것 그냥 넘어가지 마시고 꼭 좀 질문해주세요. 사실 리더인 저도 다 모릅니다. 제가 아는 건 여기까지고 깊게 들어가면 모르는 게 많습니다. 계속해서 공부해야 합니다. 그러니 다 함께 모르는 것을 모른다고 말합시다. 아는 척하지 맙시다. 그리고 같이 모르는 것을 알아봅시다."

무지를 인정하면 굳이 모든 것을 통제하려 애쓰지 않아도 된다는 사실을 깨닫게 된다. 이는 불필요한 긴장을 해소하며 공간에 여유를 불어넣는다. 무지를 인정하는 공간은 가르침과 배움이 자연스럽게 흐를 수 있는 공간이다. 질문을 두려워하지 않고, 틀릴까 봐 위축되지 않으며, 자신을 포장할 필요 없이 있는 그대로의 상태로 존재할 수 있게 만든다. 이러한 공간에서 사람들은 서로의 약점을 공격하거나 자신의 무지를 숨기기 위해 방어적인 태도를 취하지 않는다. 대신, 모른다는 것을 자연스럽게 받아들이고 함께 배우며 성장하는 기회를 얻는다. 결국, 무지를 인정하는 태도는 공간에 신뢰와 개방성을 만든다. 이런 공간에서는 사람들이 새로운 것을 배우고 도전할 용기를 얻는다. 이것이 심리적 안정감의 시작이며, 모든 창의적이고 의미 있는 활동의 기반이 된다.

미리 생각할 시간을 가져라

공간에 심리적 안정감을 불어넣는 두 번째 방법은 미리 생각할 수 있는 충분한 시간을 가지는 것이다. 회사 생활을 해본 사람이라면 이에 크게 공감할 것이다. "부장님이 갑자기 소통을 강화하겠다면서 회의 때 적극적으로 질문하라고, 의견 달라고 하는데, 갑자기 요청한다고 뿅 하고 답이 나오나? 왜 이리 조급하지?"라고 고백하는 사람들이 많다. 나는 미리 생각할 수 있는 충분한 시간 없이 면담 또는 회의를 진행하는 건 마치 바나나가 너무 먹고 싶어 덜 익은 떫은 바나나 껍질을 까는 것과 같다고 생각한다. 딱 하루만 기다리면 달콤하고 부드러운 바나나를 맛볼 수 있는데 그것을 참지 못하는 것이다. 나는 실무를 하면서 다음과 같은 말들을 많이 들었다. "쓸데없는 회의가 많습니다." "회의 때문에 일을 못 하겠어요." "말하는 사람은 정해져 있고, 아무런 역할 없이 참석만 하는 사람이 대부분입니다." "리더의 일정에 맞춰 수시로 시간이 변경되는 회의를 대응해야 하니 참 스트레스입니다." 나는 이렇게 회의가 형식으로 전락한 이유가 사람들이 어젠다에 충분히 생각할 시간을 가지지 못해서라고 생각한다. 생각을 미리 준비하지 못했기 때문에 할 말이 없고, 여러 사람들 앞에서 자발적으로 참여할 수 있는 사람이 부족한 것이다.

내가 경험한 카이스트 대학원의 수업 방식은 강의식 수업보다는 미리 주제를 주고 토론 중심으로 진행되는 학습 방식이었다. 학생들은 수업 전에 제공된 주제에 대해 스스로 조사하고 깊이 고민한 뒤 수업에 참여했다. 이 과정에서 주제에 대해 충분히 생각을 했던 학생들은 자신감을 가지고 자신의 의견을 공유했다. 조직에서도 이와 같은 접근 방식을 도입할 수 있다. 예컨대, 회의나 면담 전에 주제와 관련된 정보를 미리 공유하고, 참여자들이 이를 바탕으로 충분히 생각할 시간을 주는 것이다. 이는 회의가 단순히 일방적인 지시의 장이 되는 것을 방지하고, 구성원들이 적극적으로 의견을 제시하며 문제 해결에 기여할 수 있는 환경을 만들어 준다. 더 나아가, 이러한 문화는 개인의 책임감과 자율성을 동시에 촉진한다. 미리 주제를 고민하는 과정에서 구성원들은 자신이 조직의 중요한 의사결정 과정에 참여하고 있다는 소속감을 느끼게 된다. 또한, 주제에 대해 깊이 고민한 후 나오는 아이디어들은 단순히 즉흥적으로 제시된 것보다 더 창의적이고 실질적인 결과를 가져올 가능성이 높다.

결론적으로, 주제에 대해 사전에 충분한 시간을 제공하는 것은 단순히 효율성을 높이는 도구가 아니라, 구성원들이 조직 내에서 심리적 안정감을 느끼고, 보다 창의적이고 능동적으로 활동할 수 있도록 돕는 조직 문화의 핵심 요소다. 이는 단기적인 성과뿐만 아니라 장기적으로 조직의 건강하고 지속 가능한 성장을 가능하게 할 것이다.

말하는 시간만큼 경청하는 시간을 가져라

공간에 심리적 안정감을 불어넣는 세 번째 방법은 발언하는 시간만큼 경청하는 시간을 가지는 것이다. 대부분의 회의는 발언 중심으로 진행된다. 질의응답이나 의견 교환의 시간이 충분히 확보되지 않는 경우가 많다. 예를 들어, 한 시간짜리 회의에서 발표자가 55분을 발언하고 겨우 5분 동안 몇 개의 질문을 억지로 받는 형태는 흔히 볼 수 있는 회의 구조다. 이러한 발언 위주의 회의 방식은 여러 문제를 야기한다. 첫째, 일방적인 정보 전달이 주를 이루면서 구성원들이 수동적으로 회의에 참여하게 된다. 이로 인해 의견을 낼 기회조차 부족한 참가자들은 자신이 조직의 의사결정 과정에서 소외되고 있다는 느낌을 받는다. 둘째, 발언자가 모든 내용을 일방적으로 전달하려고 할 경우, 회의 내용의 핵심이 희석되고 참가자들은 중요한 메시지를 놓치게 된다. 셋째, 제한된 시간 동안 질문과 의견을 받다 보니 피상적인 문제만 다뤄지고, 깊이 있는 논의가 이루어지지 않는다.

이를 해결할 수 있는 방법은 매우 간단하다. 경청 시간을 의도적으로 늘리는 것이다. 예를 들어, 발언 시간을 40분으로 제한하고, 나머지 20분을 충분히 질문과 의견 교환에 할애하도록 하는 것이다(만약 30분인 경우에는 발언 시간을 20분으로 하고 10분을 경청 시간으로 정할 수 있다). 이것은 단순히 시간을 재분배하는 것이 아니라, 조직 구성원들이 심리적 안정감을 느끼며 적극적으로 참여할 수 있는 문화를 만드는 데 핵심적인 역할을 한다. 내 경험상 경청 시간을 늘린 뒤 처음 몇 번의 회의는 좀 어색했다. 보통 발언 시간이 끝난 뒤 특별히 더 할 말이 없다면 바로 회의를 마쳤다. 그런데 경청 시간이 갑자기 늘어나자 변화에 익숙하지 않은 사람들은 어떤 말을 해야 할지 몰라 어색한 침묵을 지켰다. 나는 적극적으로 말했다. "제가 40분을 이야기했는데 여러분 중에는 궁금하거나, 모르거나, 다른 생각이 있거나 할 것 같습니다. 무슨 질문이든 무슨 의견이든 좋습니다. 20분간 같이 한번 공유해 보고 같이 생각해 봅시다." 시간이 지나자 사람들 사이에 '내 목소리도 이 회의에서 중요하다.'는 인식이 자리 잡기 시작했다. 사람들은 심리적 안정감을 가지고 경청 시간에 적극적으로 질문하고 각자의 생각을 적극적으로 공유하기 시작했다. 한편 상황에 따라 회의 시간이 너무 부족해 발언 시간만 가지고 경청 시간을 가지지 못할 때도 있을 것이다. 이런 경우에는 회의 시간 이후 바로 자리로 돌아가지 않고 잠시 10분 정도 경청 시간을 갖는다면 큰 도움이 될 것이다.

이와 같이 회의에서 경청 시간이 확대되면 조직 내 대화의 질이 달라진다. 구성원들은 자신이 단순히 청중이 아니라, 조직의 의사결정에 영향을 미치는 중요한 역할을 하고 있다는 점을 체감하게 된다. 이는 심리적 안정감뿐만 아니라 조직의 창의성과 혁신성을 높이는 데 크게 기여한다.

> 과학은 계속해서 질문을 던지고, 실험을 통해 답을 찾는 것이다.
> Science is about continually asking questions and finding answers through experiments.
> — 프랜시스 크릭(1962년, 노벨생리학·의학)

13

유대인들이 기를 쓰고 모이는 이유

성공에 대해 논할 때 유대인들의 탁월성을 모르는 이는 없을 것이다. 유대인들은 전 세계 인구의 0.2%를 차지한다. 그런데 그들은 아이비리그 학생 중 21%를 차지하며, 노벨상 수상자의 22%, 오스카 수상 영화감독의 33%, 세계 체스 챔피언의 40%를 차지한다. 페이스북의 마크 저커버그와 셰릴 샌드버그, 구글의 래리 페이지와 세르게이 브린, 애플의 스티브 워즈니악, 인텔의 앤드루 그로브, 넷플릭스의 마크 랜돌프, 오라클의 래리 엘리슨, 선마이크로시스템의 앤디 벡톨샤임, 옐프의 제레미 스토펠만, 링크트인의 제프 위너, 트위터의 비즈 스톤, 페이팔의 맥스 레브친 등 실리콘 밸리의 유명한 기업들의 창업자 또는 최고경영자 대부분이 유대인이다. 또한 세콰이어캐피탈의 마이클 모리츠 등 실리콘 밸리 내 창업 기업들을 투자하는 엔젤투자가, 벤터캐피탈리스트 대부분이 유대인들이다. 지난 100년의 인류 역사를 살펴보면 과학, 철학, 문학, 경제, 예술, 정치 등 각 분야의 위대하고 혁신적인 지성들 중에는 유대인들이 많았다. 알베르트 아인슈타인, 지크문트 프로이트, 카를 마르크스, 프란츠 카프카, 헨리 키신저, 레너드 번스타인 등 유대인 지성들은 세상을 바꾸고, 세상을 바라보는 시각을 바꿨다. 이러한 유대인들의 탁월성을 수치화하면 그 통계는 놀랍기만 할 뿐만 아니라 솔직히 말도 안 되고 믿을 수 없는 수치라는 생각이 든다.

유대인들은 어떻게 이렇게 탁월한 성과를 내는 것일까? 나는 오랫동안 이 흥미로운 질문에 제대로 된 답을 하고 싶었다. '그들은 특별하니까!' '그들은 신에 의해 선택받은 민족이니까!'와 같은 신비주의적 답이 아니라 상식적으로 납득 가능한 답을 찾고 싶었다. 그래서 나는 그들의 수천 년의 역사를 공부했다. 그리고 최근까지 유대인들이 남긴 발자취들을 분석해 본 결과 일관되게 관찰되는 한 가지 패턴을 찾아냈다. 그것은 유대인들이 기를 쓰고 모인다는 것이다. 그 이야기를 이번 장에서 구체적으로 밝힌다.

시나고그 문화

유대인들의 융합과 성공을 이해하려면 그들의 역사를 먼저 이해할 필요가 있다. 유대인의 조상으로 불리는 아브라함이 "나는 여러분들 가운데서 나그네로, 떠돌이로 살고 있습니다."고 고백했다. 유대인의 역사는 수천 년간, 반복적으로 나라를 잃고 방랑했고 박해와 고난을 겪었다. 그들은 세계 곳곳에 흩어졌고 디아스포라(팔레스타인 밖에서 살며 유대교의 종교 문화 규범을 지키며 사는 유대인 커뮤니티)를 이루며 살았다.

기원전 950년 즈음, 솔로몬왕이 다스리던 이스라엘 왕국은 당대 최고의 전성기를 보내고 있었다. 이스라엘 민족, 곧 유대인은 약속의 땅이라 불리는 가나안 땅 곧, 지금의 팔레스타인 지역에서 살고 있었는데 이곳은 육상과 해상 무역이 교차하는 요충지였다. 가나안 땅은 북쪽으로는 유럽, 오른쪽으로는 아시아, 아래로는 아프리카와 아라비아반도를 연결하고 바다로는 지중해와 홍해 연결하는 최상의 조건을 가지고 있었다. 대규모의 병거대와 기병대를 기반으로 당대 최강의 군사력을 보유한 이스라엘은 육상과 해상 무역의 헤게모니를 쥐었다. 이스라엘은 페니키아의 도시국가인 두로와 동맹을 맺어 건축에 쓰이는 고급 백향목과 구리 광물을 얻었고, 여왕이 통치했던 시바 왕국을 통해 유약과 향신료를 얻었다. 또한 동부 아프리카 왕국을 통해 금과 백단향, 상아 등을 얻었고, 심지어 인도에까지 도달하여 금과 보석을 교역했고 영국의 콘월까지 도달해 청동의 재료인 주석을 교역했다. 이렇게 솔로몬왕 시절, 이스라엘은 국제 무역의 중심에서 거대한 부를 축적할 수 있었다. 그리고 이 부를 기반으로 솔로몬왕은 이스라엘 왕국의 수도 건립 프로젝트를 시작하여 20년 동안 예루살렘에 유대교 성전과 궁전을 지었고 이를 통해 예루살렘은 종교적 정치적 중심지가 되었다. 특히, 여호와의 율법이 모셔진 거대 성전은 유대인들의 구심점이 되었다.

하지만 솔로몬왕 통치 말기, 이스라엘에 분열의 조짐이 보이기 시작했다. 솔로몬왕은 이스라엘 주변 국가 왕들의 딸과 결혼하였고 멀리는 이집트 파라오의 딸과 결혼하여 여러 나라와 강력한 군사 무역 동맹을 맺었는데 아내와 첩의 수를 합치면 1,000명이 넘었다. 자연스레 수많은 이방 종교와 문화가 유대인 사회에 유입되었고 종교적 사회적 갈등이 유발되었다. 또한 과도한 국제 무역에 의해서 급격한 도시 팽창이 이뤄지면서 동시에 소작민, 실업, 강제노동, 사회극빈층, 과도한 세금 등의 문제가 사회 계층적 갈등을 조장했다. 솔로몬왕이 죽고 나자 이스라엘 왕국은 곧바로 북이스라엘 왕국과 남유다 왕국으로 분열되었다. 그러다 결국 북이스라엘 왕국은 아시리아 제국의 침공에 의해 멸망하고 남유다 왕국은 바빌로니아에 멸망당했다. 이로 인해 수많은 유대인들은 포로로 잡혀갔고 팔레스타인 지역을 떠나 흩어지기 시작했다. 특히 유다왕국의 예루살렘은 바빌로니아의 공격으로 성전도 파괴되고 모세의 십계명이 안치되어 있는 언약궤마저도 파괴되어 손실되었다. 여호와로부터 선택받은 민족이라는 선민사상을 가지고 있던 유대인들은 엄청난 충격을 받았다. 어떻게 여호와의 집인 예루살렘 성전이 종교적, 문화적, 사상적으로 열등한 이방 민족에 의해 파괴될 수 있는가? 왜 전지전능한 여호와는 우리를 지키지 않았는가? 유대교의 본질은 무엇인가? 하는 고민을 하기 시작했다. 바로 여기서 흩어진 디아스포라 유대인들 사이에서 새로운 네트워크가 형성되기 시작한다.

예루살렘에서의 종교 의식은 여호와가 계시는 신성한 성전에서 예배를 드리거나 제물을 바치는 방식으로 진행되었다. 하지만 디아스포라 바빌론 포로 유대인들에게는 더 이상 신성한 성전이 없다. 이때 여호와의 말씀을 전하는 선지자 예레미야와 에스겔은 유대인들에게 성전의 본질과 진정한 종교 의식에 대해서 다음과 같이 전했다.

"성전에 재물을 바치는 것보다 믿음을 갖고 율법을 지키는 일이 여호와를 더 즐겁게 한다."

포로 생활을 하는 유대인들은 생활 속에서 여호와에 대한 믿음을 가지고 율법을 지키는 것이 곧 예배라는 것이었다. 성전과 제사장이 중심이 되었던 유대교는 삶 속에서 율법을 깨닫고 실천하는 유대교로 재탄생하게 되었다. 이 과정에서 유대인들은 제사장이 없는 회당인 '시나고그(Synagogue)'를 만들어 낸다. 제사장 필요 없이, 누구나 시나고그에 모여 율법 학자 랍비를 중심으로 율법 말씀을 읽고 기도를 하는 식의 생활이 시작되었다. 제사장이 없기에 누구나 평등하게 말씀을 읽고 토론하는 방식을 통해 말씀을 이해했다. 유대인의 독특한 교육법인 하브루타(둘씩 짝을 지어 질문하고 답하는 토론함을 통해 공부하는 교육) 또한 이때 자연스럽게 만들어졌다. 시나고그는 포로 생활의 유대인 커뮤니티의 중심이자 융합의 허브 역할을 했다. 시나고그를 중심으로 커뮤니티에서 발생하는 모든 정보들이 연결되었다. 시나고그와 시나고그 사이의 긴밀한 정보 교류를 통해서 지역과 지역의 경제와 정치, 사회 정보가 공유되었다. 시나고그를 통해 종교와 교육이 통합되었고 아이가 열세 살이 되어 성인식을 치르면 누구나 시나고그에서 성경을 의무적으로 읽고 스스로 해석할 수 있도록 했다. 이로 인해 당시 대부분의 포로 유대인들이 언어를 잃어버리지 않았고 글을 읽고 쓸 수 있게 되었다. 바빌론에 포로로 왔지만 시나고그를 통해 통합된 유대인들은 곧 바빌로니아의 학계와 금융, 무역 상권을 장악하게 된다.

속설로 이런 말이 있다. "유대인들이 커뮤니티를 형성한 곳은 언제나 번영했다." 유대인들이 융합 네트워크를 형성했던 도시들은 늘 경제적, 과학 기술적, 정치적, 사회 문화적 중심지로 역할을 했다. 좀 더 과장해서 이야기하자면, 세계 역사의 흐름 자체가 유대인들의 발자취와 함께했다고 말할 수도 있을 정도다. 유대인들은 가는 곳마다 그들이 접하는 문화, 기술, 학문을 완벽하게 체화하여 최고의 경쟁력을 갖추었다. 다방면에 뛰어난 그들은 여러 분야를 융합시켜 독창적인 사회 시스템을 구축했고 이를 통해 다른 문화권과의 교역 및 중개 사업에 으뜸가는 수완을 보여주었다. 이러한 유대인들의 중심에는 형제끼리 서로 단결하고 도우라는 여호와의 율법이 있고 그 율법을 지키는 시나고그 문화가 있었다.

시나고그 문화의 현대적 계승

시나고그 문화는 사라지지 않았다. 탁월하고 혁신적인 생각을 가진 유대인들은 '학파'라는 이름으로 모여 시나고그 문화를 계승하였다. 최근 100년 동안 유대인들은 학파들을 통해 각기 다른 영역에서 변화와 혁신을 주도하였다. 그들은 실력이 뛰어날수록 따로 공부하거나 서로를 견제하거나 헐뜯거나 하지 않았다. 오히려 그들은 또 다른 실력이 좋은 동료들과 만나 협업하기를 힘썼고 이를 통해 더욱더 위대한 생각들을 발전시키고자 노력했다. 수많은 학파 사례들이 있지만 대표적인 몇 가지만을 이야기해 본다.

양자역학의 기초 이론을 확립한 코펜하겐 학파는 닐스 보어를 중심으로 한 물리학자들의 그룹으로 양자역학의 해석과 그 철학적 의미에 대해 중요한 견해를 제시하였다. 그중 가장 유명한 것이 아인슈타인이 동의하지 않았던 '코펜하겐 해석'이다. 즉, 양자역학에서 관측자가 측정하기 전까지 물리 시스템의 상태는 확률적 상태, 즉 여러 가능성의 중첩 상태로 존재하며 관측이 이루어지면 그제야 시스템은 특정한 상태로 결정된다는 모델링이다. 코펜하겐 학파의 주요 인물들로는 코펜하겐 해석을 주창한 닐스 보어, 파울리의 배타 원리로 유명한 볼프강 파울리, 양자역학의 수학적 기초를 마련한 막스 보른이 있는데 그들은 모두 유대인들이었고 긴밀하게 서로 협업하고 정보를 공유하였다.

프랑크푸르트학파는 20세기 초에 독일 프랑크푸르트에서 설립된 사회 이론 및 철학 학파로, 주로 사회 이론, 문화 비평에 중점을 둔 학자들의 모임이다. 프랑크푸르트학파에서 현대 사회학에 커다란 영향을 끼친 '비판 이론(Critical Theory)'이 만들어졌다. 그들은 비판 이론을 통해 사회를 단순 설명하는 것에 그치지 않고, 사회의 불평등, 억압, 지배 구조를 드러내고 이를 극복하기 위한 실천적 지향을 추구했다. 프랑크푸르트학파를 주도한 인물들로 막스 호르크하이머, 에리히 프롬, 허버트 마르쿠제, 프리드리히 폴락, 발터 베냐민, 레오 뢰벤탈이 있는데 그들 모두 서로 친한 유대인들이었다. 발터 베냐민을 제외한 모든 친구들은 나치 독일의 압박을 피해 성공적으로 미국으로 이주했고 '뉴욕 사회연구소'를 통해 계속해서 활동을 이어갔다.

시카고학파는 20세기 중반 경제학에서 자유시장 이론을 중심으로 똘똘 뭉친 학파로, 특히 20세기의 경제학 발전과 세계 경제 질서 수립에 있어 절대적인 역할을 했다. 마찬가지로 밀턴 프리드먼, 게리 베커, 조지 스티글러와 같은 노벨경제학을 수상한 유대인 학자들은 핵심적인 위치에서 통화주의, 자유시장 경제 속 규제 완화 효과, 인적 자본 이론, 법경제학 등 학파의 이론적 발전을 이끌었고 서로 긴밀하게 협업했다.

한편, 학파는 아니지만 제2차 세계 대전 중 미국에서 이루어진 핵무기 개발 프로젝트로 맨해튼 프로젝트가 있었다. 이 프로젝트는 유대인 과학자, 로버트 오펜하이머를 수장으로 진행되었는데 유대인 과학자의 비율은 60%나 되었다. 리처드 파인만, 리오 실라드, 에드워드 텔러, 유진 위그너, 닐스 보어, 존 폰 노이만, 한스 베테, 로버트 바커 등 내로라하는 당대 최고의 유대인 과학자들이 오펜하이머를 중심으로 뭉쳤고 핵무기 개발에 가장 먼저 성공했다.

시나고그 문화가 성공하는 이유

시나고그 문화가 성공할 수밖에 없는 합리적인 이유로 세 가지가 있다. 첫 번째 이유는 다수결의 원리가 작동하기 때문이다. 경험적으로 우리는 다수결의 원리로 결정할 때 합리적인 결정을 한다고 믿고 잘 수용한다. 그 대표적인 사례가 민주주의 투표이다. 그런데 실제로 다수결의 원리는 집단이 더 올바른 결정을 내리는 확률을 높여주며 이것은 일찍이 수학적으로 증명되었다. 18세기 프랑스의 근대철학자 니콜라 콩도르세는 1785년 〈다수결의 확률에 대한 해석학의 적용〉이란 제목의 에세이를 남겼는데 이 글은 무려 150년이 지난 뒤 발견되어 전 세계에 알려졌다. 콩도르세는 다수결의 원리로 결정한 선택이 옳은 확률을 수학적으로 정리했다. 그것을 요약하자면 집단 구성원이 옳은 결정을 할 확률이 랜덤 확률인 50%보다 높다면, 집단의 구성원이 많아질수록 다수결의 원리로 결정한 선택이 옳은 확률은 100%에 수렴한다. 이 결과에 콩도르세는 민주주의의 꿈을 꿨다.

"사회 전반적으로 교육 수준을 높이고 계몽을 확산시켜 이성의 능력을 살릴 수 있다면, 민주주의는 무한히 발전할 것이고 인류는 경제적, 정치적, 사회적 풍요로움을 경험할 것이다."

앞서 시나고그 문화에 대해 언급했듯이, 뛰어난 유대인들은 기를 쓰고 다른 뛰어난 사람들과 모이려고 노력한다. 마치 쇠가 쇠를 날카롭게 하는 것처럼 유대인들은 시나고그 공동체의 서로 다른 관점과 지식을 가진 사람들과 함께 토론하면서 문제에 대한 이해를 더욱 날카롭게 하고 함께 성장해 나간다. 그 결과 시나고그 공동체를 통해 함께 생각하고 그 바탕으로 결정된 아이디어들은 다수결의 원리에 의해 옳을 확률이 매우 높아진다.

시나고그 문화가 성공하는 두 번째 이유는 평균의 원리가 작동하기 때문이다. 우리에게 선택지가 주어지면 우리는 다수결의 원리에 기초해 선택할 수 있다. 그런데 우리의 일상 속에서는 항상 우리에게 선택지가 주어지지 않는다. 선택지가 주어지지 않을 때 우리들은 답을 추측 또는 추정을 해야 한다. 이것을 '상태 추정의 문제'라고 부른다. 앞서 투표의 문제에 있어 다수결의 원리가 작용하듯, 상태 추정의 문제에서는 '평균의 원리'가 작용하며 이것 또한 이미 수학적으로 깔끔하게 정리되었다.

평균의 원리에 대한 대표적인 사례는 1906년 영국 플리머스에서

열린 가축 박람회에서 황소 무게 맞추기 이벤트이다. 이벤트 주최 측에서는 황소 한 마리를 즉석에서 도축해 고기를 올려놓았다. 사람들은 6페니를 지불하고 얻은 답안지에 고기의 무게를 추정해서 제출했다. 가장 정확한 답을 맞힌 사람이 상품을 얻었다. 찰스 다윈의 사촌이자 생물통계학자였던 프랜시스 갤턴은 이벤트에 참가한 800명의 참가자들의 답안지를 건네받았고 사람들의 추정치의 평균값을 구했다. 놀랍게도 실제 도축된 황소 고기의 무게는 1,198파운드(= 543kg)였고 추정치의 평균값은 1,197파운드로 실제값과 거의 동일했다. 이와 같이 여러 참가자들의 추측을 평균 내면, 그 결과는 단일 개인의 추측보다 더 정확할 수 있다. 이것은 집단 판단의 오차가 개인들의 오차보다 작기 때문이다. 바로 이것이 평균의 원리이다. 미시간대학교의 스콧 페이지 교수는 이에 대해 이렇게 말한다.

"집단의 오차는 언제나 개인들의 오차보다 작다. 그 이유는 개인 판단들의 오류가 다양성의 효과에 의해 상쇄되기 때문이다. 따라서 집단의 다양성은 개인의 능력을 이긴다."

유대인 시나고그 문화의 특징은 공동체의 다양성이 크게 존중된다는 것이다. 사실 유대인 공동체는 역사적으로 다수의 나라와 문화에서 살아남으면서 다양한 문화적 배경과 경험을 가진 사람들이 많이 모여 있다. 자연스럽게 유대인 시나고그 문화 속에서는 다양한 연구 접근법과 의견이 존중되고 다양한 시각과 이론이 공존하며 상호 비판적이고 건설적인 논의가 권장된다. 이러한 유대인 시나고그 문화 속에서 내려진 생각과 결정들은 공동체의 영향 없이 개인적으로 내려진 생각과 결정보다 더 탁월해지고 영향력 있게 된다.

 마지막으로 시나고그 문화가 성공하는 세 번째 이유는 메디치 효과가 나타나기 때문이다. 15세기 이탈리아 피렌체를 통치한 메디치 가문은 당대 유럽 최고의 은행들 중 하나인 '메디치 은행'을 소유한 금융가문이다. 메디치 은행을 통해 쌓은 막대한 부를 기반으로, 메디치 가문은 예술, 과학, 공학, 인문학, 건축학, 문학, 철학, 금융학 등 당대 최고의 실력자들을 피렌체로 데려와 그들을 후원하기로 유명했다. 메디치 가문을 통해서 후원받은 사람들 중에는 산드로 보티첼리, 미켈란젤로, 레오나르도 다빈치, 미켈란젤로, 도나텔로, 브루넬레스코, 조토, 마사초와 같은 세기적인 예술가들이 있었고 폴리치아노, 마르실리오 피치노, 피코 델라, 미란돌라와 같은 당대 최고의 인문학자들이 있었다. 이렇게 피렌체에 몰려든 실력자들은 자연스럽게 자신의 분야와 역량을 서로 교류하게 되었고 이를 통해 분야와 분야 간의 벽을 허물어뜨리고 협력과 융합을 통해 르네상스 시대 최고의 걸작을 창조해 냈다. 작가 프란스 요한슨은 다양한 분야와 문화, 과학, 기술의 교차점에서 융합을 통해 혁신적인 아이디어가 폭발적으로 만들어지는 효과를 '메디치 효과'라고 정의했다. 현대 기업 중에서 메디치 효과를 아주 잘 활용한 기업은 바로 '애플'이다. 스티브 잡스는 창의성의 열쇠는 인간이 만들어 낸 최고의 작품들에 자신을 노출시킨 뒤, 작품의 요소들을 당신이 하고 있는 일에 집어넣는 것이라고 말했다. 또한 그는 오리지널 매킨토시 컴퓨터를 위대하게 만들 수 있었던 것은, 매킨토시를 작업한 사람들이 음악가이고 시인이고 예술가이고 동물학자이고 역사학자이면서 우연찮게 세상에서 최고의 컴퓨터 과학자이기도 한 덕분이라고 말했다. 즉, 애플은 완전히 새로운 것을 만들기 위해 다양한 분야의 지식을 융합하여 새로운 영감을 얻었다.

시나고그 문화에서 메디치 효과는 강력하게 일어났다. 다양한 학문적, 문화적 배경을 가진 유대인 학자들이 서로 모여 협력하면서 혁신적이고 창의적인 아이디어를 도출해 냈다. 예를 들어 앞서 언급한 프랑크푸르트학파에서 서로 다른 학문적 배경을 가지고 있는 사람들이 모여 협력했고 그 결과 철학, 사회학, 심리학, 정치학 등 다양한 학문 분야의 이론을 통합하여 비판 이론을 발전시킬 수 있었다. 시카고학파에서는 정치학, 사회학, 법학 등 다양한 분야의 상호작용을 통해 기존의 경제 이론을 새롭게 재해석한 이론들, 예를 들어 합리적 기대 이론, 효율적 시장 가설, 법 경제학 등을 발전시켰다.

당신의 시나고그를 찾아라

오래전 내가 대학생이었을 때 지냈던 기숙사의 사감 선생님은 L 목사님이셨다. L 목사님과 탁구도 치고 밥도 먹고 친하게 지냈다. 그분이 내게 이런 말을 해준 것이 아직도 기억난다.

"사람들을 관찰해 보니 믿음이 좋은 사람들일수록 다른 믿는 사람들과 모이기를 힘쓴다."

돌이켜보니, L 목사님의 말은 단지 신앙생활에만 국한된 것이 아니라, 창의적이고 혁신적인 사고의 근간을 이루는 중요한 원리와도 연결되어 있었다. 특히, 우리나라에서 사회생활을 하면서 경험한 현실과 비교해 볼 때, 이 말이 더욱 깊은 울림을 준다.

우리 사회에는 실력 있는 사람들이 모이기보다는 서로 경쟁하고, 때로는 경제적 이익을 좇으며, 서로를 끌어주기보다는 끌어내리는 경우가 적지 않다. 이 같은 문화는 개인의 능력을 극대화하기보다는, 오히려 집단의 잠재력을 약화시킨다. 실력자들이 서로의 성공을 축하하기보다, 경쟁에서 우위를 점하려고 애쓰는 현실은 개인의 성장에도, 사회의 발전에도 결코 도움이 되지 않는다.

반면, 유대인들의 시나고그 문화는 그와 정반대다. 유대인들은 학문과 비즈니스, 예술 등 여러 분야에서 서로를 지지하고 협력하며, 공동의 성장을 추구해 왔다. 이들은 경쟁을 넘어, 서로의 성장을 돕고 지식을 나누며, 함께 더 나은 미래를 만들어 가는 것을 목표로 삼았다. 이러한 시나고그 문화 덕분에 유대인들은 다양한 분야에서 창의적이고 혁신적인 성과를 일궈낼 수 있었다.

나 자신이 진정한 발전을 이루기 위해서는, 이제는 이러한 시나고그 문화를 찾아야 한다. 실력 있는 사람들이 모여 서로의 지식을 나누고,

아이디어를 공유하며, 공동의 목표를 향해 나아갈 수 있는 시나고그를 찾아야 한다. 서로를 경쟁자로 보지 말고, 동반자이자 협력자로 인식하며, 함께 모여 논의하고, 비판하며, 새로운 길을 열어갈 수 있는 시나고그를 찾아야 한다. 당신의 시나고그는 어디에 있는가?

훌륭한 협업은 단지 시너지를 넘어서 새로운 창의적 차원을 만들어 낸다.
A brilliant collaboration brings more than just synergy, it creates a new dimension of creativity.

— 리처드 파인만(1965년, 노벨물리학)

인간관계의 모델링

우리는 누구나 인간관계에서 성공을 꿈꾼다. 그 성공이란 단순히 많은 사람과 친밀한 관계를 맺는 것을 넘어서, 서로에게 의미 있는 영향을 미치고, 삶에 긍정적인 변화를 가져다주는 관계를 말한다. 하지만 대부분의 사람들은 인간관계에 있어 본능과 상황에 의존한 채 살아간다. 마치 항해의 지도 없이 바다를 떠도는 배처럼, 갈등이 생기거나 길을 잃을 때는 당황하고, 심지어는 관계를 단절하기도 한다. 여기서 중요한 질문이 떠오른다. 왜 우리는 인간관계에서 실패를 반복하며, 이를 성공적으로 다루는 데 필요한 구체적인 전략은 없는가? 우리는 학업과 일에는 전략과 목표를 설정하면서도, 인간관계에 있어서는 왜 본능과 감정에만 의존하는가? 이제는 이러한 관성을 벗어나야 할 때다.

인간관계에서 성공하려면 단순히 타인의 방법을 따라 하거나, "좋은 사람이 되라."는 막연한 조언에 의존해서는 안 된다. 대신, 각자 자신만의 독창적이고 실현 가능한 인간관계 성공 모델링을 구축해야 한다. 이 모델링은 단순히 이론적이거나 추상적이지 않고, 스스로의 경험과 가치를 바탕으로 한 맞춤형 전략이어야 한다. 타인의 모델을 답습하거나 자기계발서에 있는 대로 따라 하는 것 말고, 나만의 방식으로 인간관계를 설계하고 실행하는 것이다. 나만의 인간관계 모델링을 가지고 있는 것은 매우 중요하다. 그런 사람들은 다른 사람들에게 철학이 있는 사람, 자기 주관이 뚜렷한 사람으로 여겨지며, 타인에게 존경받을 가능성이 크다. 그 이유는 간단하다. 인간관계에서 자신의 원칙과 방향성을 명확히 가진 사람은 흔치 않기 때문이다. 이런 사람들은 단순히 상황에 휩쓸리지 않고 일관된 모습을 보여주며 이 일관성은 신뢰를 형성하고, 신뢰는 성공적인 관계와 성과의 기반이 된다.

대표적인 예로 벤저민 프랭클린은 자신만의 인간관계 모델링과 철학을 통해 타인의 신뢰와 존경을 얻었고, 이를 기반으로 정치, 과학, 외교 등 다양한 분야에서 성공을 이뤘다. 그의 인간관계 모델링은 전략적이면서도 진정성을 잃지 않았으며, 당시뿐만 아니라 지금도 귀감이 되는 사례로 꼽힌다. 프랭클린은 자신의 내면을 제대로 가꿀 때 비로소 진정성 있는 인간관계를 유지할 수 있다고 모델링했다. 그래서 그는 인간관계에서 중요하다고 판단한 13가지 덕목 체계를 만들어 자신의 삶을 철저히 관리했다. 그의 덕목은 절제, 침묵, 겸손, 성실, 정의 등이 포함되어 있었고, 특히 겸손과 성실함을 중요하게 여겼다. 프랭클린은 이 13가지 덕목을 한 주에 한 가지씩 집중적으로 실천하는 방식으로 관리했다. 매주 한 가지 덕목에 집중하면서, 나머지 덕목도 기본적으로 실천하려고 노력했다. 13주가 지나면 다시 첫 번째 덕목으로 돌아갔고 그렇게 1년에 네 번 전체 덕목을 반복했다. 또한 프랭클린은 매일 자신의 행동을 기록할 수 있는 일일점검표를 만들었고 하루 동안 각 덕목을 얼마나 잘 지켰는지를 점검했다. 만약 해당 덕목을 어기는 행동을 한 경우, 작은 점을 찍어 시각적으로 자신의 성취를 확인했다. 시간이 지날수록 찍힌 점들이 점점 적어졌고, 이렇게 자신의 발전을 두 눈으로 직접 확인할 수 있어 큰 동기부여를 가지고 계속해서 덕목을 지켜나갔다. 훗날 미국 독립전쟁 무렵, 프랭클린은 프랑스 대사로서 역임하게 되었다. 그는 프랑스와의 동맹을 구축하고 재정적 지원을 얻어내는 결정적인 역할을 수행했는데, 프랑스 귀족들 사이에서 '겸손한 미국인'으로 인정받은 것이 크게 작용했다고 한다. 그는 논쟁에서 승리하는 것보다 상대방을 존중하고 설득하는 것을 더 중시했다. 그는 자신의 의견을 표현할 때 단정적이지 않고, 항상 "제 생각에는" 또는 "이럴 가능성도 있지 않을까요?"라는 방식으로 겸손한 말하기를 유지했다.

프랭클린의 13가지 덕목

절제: 과식하거나 과음하지 않는다.

침묵: 자신이나 타인에게 유익하지 않은 말은 삼간다.

질서: 모든 물건과 시간을 적재적소에 배치하고 활용한다.

결단: 해야 할 일을 결심하고 반드시 실행한다.

절약: 시간과 자원을 낭비하지 않고 유익한 일에 사용한다.

근면: 시간을 허비하지 않고 생산적인 일에 집중한다.

성실: 진실된 마음을 가지고 정직하게 행동한다.

정의: 다른 사람에게 해를 끼치거나 의무를 게을리하지 않는다.

중용: 극단을 피하고 분노도 적절히 조절한다.

청결: 몸, 옷, 집을 깨끗하게 유지한다.

평정: 사소한 일이나 피할 수 없는 상황에 동요하지 않는다.

순결: 육체적, 정신적 순결을 유지한다.

겸손: 예수와 소크라테스를 본받는다.

프랭클린과 마찬가지로 우리 또한 각자 자기만의 인간관계 모델링을 가지고 일관성 있게 살아갈 필요가 있다. 나는 당신이 당신만의 일관된 인간관계 모델링을 구축해 특별한 사람, 신뢰받는 사람, 존경받는 사람이 되길 진심으로 바란다. 이와 관련해 나의 이야기를 공유해 본다. 나는 매우 역설적으로 들리는 한 가지 인간관계 모델링을 가지고 있다. 그것을 한 문장으로 나타내면 '주고자 하면 얻을 것이요.'이며, 나는 이것을 '기빙의 법칙'이라 부른다. 기빙의 법칙은 기존의 통념과 내 상식과는 완전히 반대되는 말도 안 되는 역설 같았다. 하지만 기빙의 법칙은 현재까지 내 인생 속에서 깨지지 않고 굳건히 버티고 있다.

스물일곱 때의 꿈

기빙의 법칙은 내가 스물일곱 살 때 꾸었던 생생한 꿈에서 비롯되었다. 이때의 꿈은 아직도 기억 속에 생생하다. 꿈에서 난 어느 평화로운 시골길을 운전하고 있었다. 정말 평화로운 시골 마을이었다. 그런데 갑자기 내 차가 고장이 나서 멈춰버렸다. 난 정말 당황했고 도움이 절실했다. 마을 사람들이 도움이 필요한 날 보고는 내 차 근처로 모여들었다. 그들은 어린아이부터 노인에 이르기까지 나이대가 다양했고 겉보기에 전형적인 시골 사람들이었다. 하지만 그들이 하는 말은 전혀 평범하지 않았다. 가장 나이가 어려 보이는 아이가 이렇게 말했다.

"상황을 보니 엔진 부분의 손상이 큰 것 같네요."

그러자 옆에 있던 아저씨도 거들었다.

"그렇네, 맞아! 이거 새로 만들려면 시간 좀 걸릴 것 같은데…. 저기 청년 괜찮겠어요?"

아무것도 할 수 없었던 나는 "네!"라고 대답하며 고개를 끄덕였다. 솔직히 '새로 만들려면 시간 좀 걸린다는 것'이 정확히 무엇을 의미하는지 알 수 없었다. 시골 마을 사람들은 각자 집으로 돌아가더니 곧 이어 금속 도구들과 재료들을 가지고 돌아왔다. 그리고 신기한 일들이 벌어졌다. 어린아이는 물론 모든 사람들이 엔진을 만드는 원리를 정확하게 다 알고 있었다. 어린아이는 엔진의 한 부품을 맡아서 뚝딱뚝딱 만들기 시작했고 다른 모든 사람들도 각자 맡은 부품을 최선을 다해 제작했다. 그 마을 사람들은 모르는 것이 없어 보였다. 마치 그들에게 모든 지식의 봉인이 풀려 있는 것 같았다. 그들이 엔진을 만드는 데 사용한 공작 기구들은 내가 난생처음 보는 것들이었다. 몇 시간쯤 지나자 정말 멋진 디자인의 엔진이 완성되었다. 내 차에 딱 맞는 크기였다. 새로운 엔진을 장착하자마자 차는 힘차게 시동이 걸렸다. 그 모습을 보며 정성껏 도와준 마을 사람들은 정말로 자신의 일처럼 행복해했다. 나는 아쉬운 마음을 뒤로하며 그들과 작별하고 떠났다. 꿈에서 깬 후 나는 이 꿈이 어쩌면 천국의 모습이 아닐까 생각했다. 만약 천국이 이 땅에서 펼쳐진다면 그 시골 마을의 모습과 같지 않을까 싶었다. 사람들이 자신이 가진 것을 적극적으로 기빙하고 그 결과 위대한 가치가 만들어지는 모습 말이다.

공수래공수거

사람은 세상에 태어날 때 빈손으로 태어나며, 죽어 세상을 떠날 때에도 빈손으로 죽는다고 한다. 일생 동안 내 것으로 여기며 치열하게 모아둔 모든 것들을 우리는 그대로 버려둔 채 세상을 떠나야 한다.

나는 공수래공수거의 이치가 비단 개인의 삶과 죽음에만 적용된다고 생각하지 않는다. 공수래공수거는 직장 생활의 시작과 끝에도 동일하게 적용된다. 나는 빈손으로 회사 생활을 시작했다. 그리고 나중에 퇴사할 때 저는 회사에 기여했던 모든 것들을 남기고 나가야 하는 것을 알고 있다.

직장이야말로 '기빙의 법칙'을 테스트하기 가장 좋은 환경이라 난 생각했다. 왜냐하면 기본적으로 사람들은 '기빙'보다는 '해빙'에 초점을 맞추고 있기 때문이다. 많은 사람들은 직장 동료를 잠재적 경쟁자로 여기고 있으며 기빙보다는 해빙하는 데 집착한다. 자신의 평가에 도움이 되지 않는다면 시키지 않는 한 남 잘되는 일을 하지 않으려 한다. 자신의 역할에서 조금이라도 벗어나는 일이 발생하면 도울 수 있음에도 불구하고 전혀 신경을 쓰지 않기도 한다. 그리고 물가 상승으로 인해 실질 근로 소득의 가치가 떨어지는 분위기, 평생 직장 다녀도 서울 집 한 채 사기 어렵다는 분위기 속에서 사람들은 자신이 회사로부터 받은 급여 수준만큼만 기여하려고 하며 그 이상의 시간과 노력을 들이지 않는 분위기이다. 이것은 개인의 워라밸과 업무 효율을 고려했을 때 너무나도 당연한 현상이다. 오히려 조직과 직장 동료들을 자발적으로 돕고 자신의 몸값보다 더 높은 가치를 기여하기 위해 노력하는 것이 이상하고 미친 건지도 모르겠다. 그런데 말이다. 현실이 바로 이와 같기에, 만약 우리가 기빙을 하는 소수가 된다면 우리는 더 극적으로 기빙의 법칙을 경험할 수 있다. 나는 직장에서 그 소수가 되기로 마음먹었다.

"공수래공수거! 어차피 내 모든 성과물들을 회사 안에 둔 채 회사와 작별할 운명 아닌가?"

만약 내가 기빙에 대해 '아깝다!'라는 마음이 든다면, '그거 내 것 아냐!' '그거 아까워할 정도로 어쭙잖은 실력자가 되었구나! 반성하자!'라며 스스로를 다독였다. 그런데 신기하게도 내가 회사 경영에 크게 기여했던 성과들을 돌이켜 보면 대부분 기빙에서 비롯되었다. 대표적인 사례를 이야기해 보자면, 나는 코팅 분야에서 박사 공부를 마쳤고 미국 대학 연구소에서 3년 일하다 국내 반도체 기업에 취업했다. 내 친구들이 이런 말을 했다.

"학교와 기업은 달라! 그동안 공부했던 것 활용 못 해도 너무 실망하지 마!"

실제로 내가 처음 맡은 일들은 대부분 내가 공부한 것들과 직접적인 연관이 없었다. 그럼에도 마음 한편에 내가 공부했던 것으로 회사에 기여하고 싶었다. 회사에 들어간 지 1년이 지날 때였다. 내 팀의 분석 담당자가 기술팀의 요청으로 반도체 장비에 들어가는 코팅 부품 분석을 하게 되었다. 그전에는 코팅 부품 분석 의뢰를 받은 적이 없었다. 분석 담당자는 우연히 내가 부품 코팅 분야를 공부했다는 사실을 듣게 되었고 내게 조언을 구했다. 나는 분석 의뢰 내용과 분석 결과를 보게 되었고 분석 의뢰자 곧, 코팅 부품 담당자를 만날 수 있었다. 우리는 이번 코팅 분석 결과를 놓고 심도 있게 논의하는 회의를 진행했다. 내 평가 목표에 들어가는 담당 업무는 아니었지만 나는 단순 조언하는 것을 넘어 내가 알고 있는 전공 지식을 총동원해서 제대로 도와주고 싶었다. 마치 스물일곱 살 때 꾼 꿈처럼 말이다. 그러자 이런 아이디어가 머리를 스쳤다. '우리 회사의 코팅 기술 동향과 향후 방향에 대해서 보고서를 써서 드리면 어떨까? 지난 10년 동안 학계에서 그런 일들을 해왔는데 도움 되지 않을까?' 나는 시키지도 않은 야근까지 하면서 보고서를 썼다. 현재 코팅 기술 동향이 어떠하고 그런데 우리 회사의 기술 수준은 어떻고 그래서 앞으로 어떤 방향과 방법으로 개선해 나가야 하는지, 그 결과 어떤 가치를 만들 수 있는지에 대해 썼다. 거의 논문으로 제출해도 될 것 같은 보고서가 만들어졌다. 나는 그것을 기술팀에 공유했다. 코팅 부품 담당자는 내 보고서에 큰 인상을 받았다. 때마침 그는 그의 팀에서 코팅 부품 품질을 개선하는 과제가 시작되었다고 말했고 나에게 같이 협업할 것을 제안했다. 이를 계기로 우리는 회사 전체 코팅 부품 품질 개선 업무를 협업했고, 우리가 반도체 장비의 코팅 품질을 높이자 반도체 제조 수율이 크게 향상되어 1,000억 원 정도의 경영 기여 성과를 거둘 수 있었다. 이 과제를 수행하며 나는 기빙의 법칙이 회사에서도 통하는구나를 실감했다. 나는 질문했다.

"만약 내가 내 전문 지식을 아까워하고 공유하지 않았다면 어땠을까?"

"공유하지 않음으로써 다른 사람들보다 전문 지식의 비교우위를 유지하려 했다면 어땠을까?"

만약 그랬다면 내가 가진 전문성은 활용될 기회를 얻지 못했을 것이고 시간이 지나 가치를 전혀 만들지 못하는 죽은 지식이 되었을 것이다. 나는 기꺼이 내가 가진 전문성을 다 기빙했다. 그러자 기술팀 사람들, 우리나라 최고의 코팅 부품 기업 사람들을 만나게 되었고 그들과 교류하면서 향후 수년을 책임진 코팅 기술을 만들 수 있었다.

K는 직장인이다. 종종 연락하는 후배이며 어려운 일이 있을 때 이야기를 하곤 했다. 한번은 K가 인정받지 못함으로 인해 스트레스가 많다고 했다. K의 말에 따르면 K는 그가 속한 조직에서 전문성을 지닌 인재지만 K는 그가 원하는 수준으로 평가를 받지 못했다. 그러면서 내게 조언을 구했다. 이런저런 이야기를 하는 중 난 이렇게 질문했다.

"혹시 네가 가진 전문성, 너만 할 수 있는 거냐?"

그러자 K는 그렇다고 말했다.

"너처럼 고학력자의 경우 보통 일반 동료들보다 전문성이 있기 때문에 남들보다 더 앞서나갈 수 있어. 그런데 동시에 전문성 때문에 남들보다 뒤처지기도 해! 참 아이러니하게 들리지? 그런데 진짜 그럴 수 있어!"

K는 내 말에 의아해하며 전문성이 오히려 남들보다 뒤처지게 만든다는 것이 무슨 뜻인지 물었다.

"전문성이 있다는 건 남들이 갖지 않는 특별한 능력을 가지고 있다는 것이지만 동시에 업무의 범위가 매우 한정적인 능력을 가지고 있다는 것이기도 해. 만약 너의 전문성에만 의존해서 일을 한다면 사람들로부터 이런 좋지 않은 평가를 받을 수도 있어. 'K는 시야가 매우 좁아!' '조직을 맡기기에는 너무 한정된 역량을 가지고 있어!'"

이어서 K는 내게 그럼 어떻게 해야 하냐고 물었다.

"한 가지 좋은 방법은 너의 전문성을 너만 소유하는 것이 아니라 조직의 동료들도 누릴 수 있도록 퍼주는 거야! 너 없이도 그 전문성을 이어나갈 수 있도록 말이야! 당장에는 그것이 큰 손실처럼 느껴질 수 있겠지만 오히려 인정, 평판, 리더십 같은 것을 얻을 수도 있어. 네 전문성을 준다고 해서 그 전문성이 사라지는 일은 결코 없을 테니 걱정하지 마. 오히려 전문성을 남에게 나눠주지 않고 자기만 가지려고 하면 결국 고인물이 되어버려. 형 그런 사람들 많이 봤어."

K는 나의 조언을 듣고는 자기 조직으로 돌아가서 정말로 자신의 지식을 기빙하는 사람이 되었다. 누구나 자신의 일을 해낼 수 있도록 업무 매뉴얼을 만들어 공유했고 가르쳤다. 많은 사람들이 그처럼 일을 할 수 있게 되었고 K는 사람들로부터 인정을 받기 시작했다. 그 과정에서 K는 많은 사람들과 더 많은 협업을 하게 되었고 그의 전문성은 더욱더 업그레이드되었다. K는 그가 원하고 원했던 최고 평가 결과를 얻었다.

회의적인 태도를 버리고, 협력하고 함께 전진하도록 하세요.

Don't be skeptical, but collaborate and move forward together.

— 윌리엄 헨리 브래그 (1915년, 노벨물리학)

15
눈에 보이지 않는 중요한 것

우리는 흔히 눈에 보이는 것을 보는 데에만 집중하려고 한다. 당연하다. 지금까지 우리가 이야기한 모델링들 또한 거의 대부분 눈에 보이는 현상을 대상으로 했다. 하지만 우리가 꼭 기억해야 할 것은 눈에 보이는 세상보다 눈에 보이지 않는 세상이 더 크다는 것이다. 눈에 보이지 않는 것들 중에서 우리가 꼭 제대로 파악하고 모델링을 해야 하는 건 무엇일까? 그것은 바로 나의 감정이며 이 책의 마지막 이야기이다.

사람들은 보통 내가 나 자신을 다른 누구보다도 더 잘 알고 있다고 여긴다. 그래서 자신의 감정을 이미 잘 알고 있다 믿는다. 하지만 그럼에도 불구하고 많은 사람들은 이렇게 말한다.

"내가 왜 그렇게 행동했는지 모르겠다."

"내가 정말 무엇을 원하는 사람인지 모르겠다."

우리가 우리 자신을 이해하기 어려운 이유는 무엇일까? 나는 우리 현대인들이 정신없이 바쁜 삶을 살고 있기 때문이라 생각한다. 우리 자신을 돌아볼 여유가 턱없이 부족한 것이다. 쏟아지는 일들 감당하랴 그리고 그 과정에서 다른 사람들을 신경 쓰랴 정작 가장 중요한 자기 자신을 돌보지 못하고 있다. 심지어 나 자신의 감정을 솔직하게 드러내는 것이 사회생활에 도움이 되지 않는다고 생각하며 감정을 숨기고 있는 사람들도 있을 것이다. 그렇게 오랜 기간 살다 보면 자신의 진짜 감정을 정말 모르게 된다.

어쩌면 감정에 대한 인식은 고대인들이 현대인들보다 더 나은 것 같다. 감정이란 뜻을 가진 영어 단어 'Emotion'은 라틴어 'Emovere(에모베레)'에서 유래되었다고 한다. 그 뜻은 '밖으로(E) 움직이다 (Movers).'이다. 고대인들은 눈에 보이지 않는 감정을 방향성을 가진 거대한 에너지 덩어리로 생각했다. 이 에너지 덩어리는 내면에서 가만히 축적되고만 있는 게 아니라 안에서 밖으로 표출되는 그래서 사람의 행동과 태도를 움직이는 중요한 힘이다. 이렇게 고대인들은 감정을 '인간의 행동을 밖으로 나오게 하는 힘'으로 받아들였고 솔직한 감정에 귀 기울일 때 그들이 직면한 문제를 정확히 모델링하고 해결할 수 있을 것이라 생각했다.

감정이 보이면 문제가 해결된다

　반면 우리들 중에는 감정을 알아차리기 힘들어하거나, 표현하기 어려워하는 사람들이 많다. 나 또한 그랬다. 나는 감정을 잘 묻지 않는 환경에서 자랐다. 그리고 감정보다는 지성을 몇 배 더 우선시하는 곳에서 일해왔다. 나는 내 진짜 감정을 마음속에 묻어둔 채 살았던 적이 많았고, 심지어 감정을 표현하는 것이 내 약점을 노출하는 것이라 생각했다. 나의 MBTI는 엔티제(ENTJ)다. 엔티제인 나의 강점이자 동시에 단점인 것은 추진력이다. 내게 어떤 달성해야 하는 목표가 주어지면 그것에 집착하듯이 파고들었다. "왜 이 목표를 달성해야 하는가?" "어떻게 이 목표를 달성할 수 있을까?" "그 방법을 실행하기 위해서 누가 언제까지 무엇을 해야 하는가?" 나는 이런 질문들을 계속 던지며 목표 달성에 몰두했다. 문제는 지나치게 일에 몰입하고 강조한 나머지 그 일을 함께 행하는 사람들과 나 자신의 감정을 바라보지 못했던 것이다. 그러다 보니 사람들로부터 "너무 일에만 집중하는 것 같다." "우리가 힘들어하는 것을 잘 모르는 것 같다." "때때로 독단적으로 업무를 진행하는 것 같다."는 피드백을 받곤 했다.

　감정의 중요성을 뒤늦게 실감한 난 감정을 제대로 파악하고 싶었다. 그래서 시작한 것이 '코칭 자격증' 공부였다. 지금은 한국 코치 협회 인증 자격증을 가지고 코칭 활동을 하고 있다. 코칭이란 세계 속에 들어가 보니 나에게 익숙한 것들로부터 멀어져야만 했다. 말하기보다는 들어야 했고, 조언을 해주기보다는 스스로 답을 찾기까지 기다려야 했다. 그건 아니야와 같은 주관적인 견해를 내려두고 항시 객관적인 관점을 유지해야 했다. 코칭은 고객들 안에 무한한 가능성이 있다고 믿는 철학을 기초로 이루어지는 활동이었다. 그동안 대기업 부장 생활을 하면서 유지해 온 습관들을 많이 내려놓아야 했기 때문에 내게 정말 코칭이 맞는지 의심스러웠다. 그런데 말이다. 코칭 교육에서 배운 대로 실제 코칭을 했더니, 고객님들의 만족도가 높다는 것을 경험했다. 어떠한 조언도 하지 않고 말을 경청하고 몇 개의 질문들을 던졌을 뿐인데 어라? "덕분에 새로운 것을 깨닫게 되었다." "고민이 많이 풀렸고 힘을 내서 실행을 해보겠다."라는 말을 들었다. 난 그동안 경험해 보지 못한 큰 보람을 느꼈다.

알고 보니 고객님들이 코치를 찾아온 이유는 일이 안 풀려서가 아니었다. 그들이 코치를 찾아온 것은 그들의 마음이 답답하기 때문이었다. 이것을 알게 된 이후, 난 감정을 묻기 시작했다. "어떠세요?" "어떠셨어요?" "어떤 마음인가요?" "어떤 감정을 느끼셨나요?" "무엇을 할 때 행복을 느끼시나요?" 눈에 보이지 않는 감정을 묻자, 고객님들은 적극적으로 그들의 마음과 생각을 나누어 주었다. 감정을 묻기 시작하자 감정이 보였고 감정이 보이자 고객님들의 막혔던 문제들이 정확히 모델링되고 술술 풀리는 것을 경험했다.

자신의 감정을 바라보라

그렇다면 타인의 감정이 아닌 나 자신의 감정은 어떻게 파악할 수 있을까? 바로 감정을 바라보는 것이다. 감정을 바라보는 것은 새로운 개념이 아니다. 그것은 거의 대부분의 명상 교육에서 '알아차림' 또는 '마음챙김'으로 다루어지고 있는 이미 잘 알려진 기술이다. 알아차림은 현재의 삶에서 일어나는 마음을 어떠한 평가, 판단 없이 의식을 집중해서 바라보는 것이다. 좋고 나쁘다는 어떠한 판단과 개입 없이 그저 당신의 정신과 마음속에 자발적으로 올라오는 모든 것들을 바라보는 것이다. 알아차림은 가부좌를 틀고 눈을 감고 할 수도 있고, 편한 곳에 누워 할 수도 있다. 산책로에서 산책을 하면서 할 수도 있고, 책상에 앉아 음악을 듣고 할 수도 있다. 다만 시간을 정해서 알아차림을 수행하고 시간이 끝나면 당신이 알아차린 감정과 생각을 정리할 것을 추천한다. 이와 같이 알아차림의 방법은 여러 가지 형태이나 그 본질은 그저 당신의 감정을 바라보는 것에 있다. 감정을 바라볼 때, 우리는 우리 안에 있는 진짜 감정을 이해할 수 있다.

만약 당신이 지금까지 감정 바라보기를 해보지 않았다면, 처음에 어색하고 잘 안될 수 있다. 아무 생각도 없이 멍하니 시간만 보내다 끝날 수 있고, 잠에 빠져버릴 수도 있다. 정상이다. 처음에는 다 그렇다. 그럼에도 포기하지 않고 계속 감정 바라보기를 한다면 자신의 감정이 서서히 잘 보이기 시작할 것이다. 지금의 난 하루에 한 번 정도

틈틈이 책상에 앉아 지그시 눈을 감고 감정을 바라본다. 퇴근하고 집 서재의 책상에 앉을 때, 회사에서 점심을 먹고 잠깐 쉴 때, 카페에서 잠시 쉬고 있을 때, 잠시 눈을 감고 감정을 바라본다. 그 시간은 10분 정도로 길지 않다. 그 시간 동안 내 감정의 흐름을 정확하게 살펴본다. 여기서 내가 당신에게 제안하는 것은 끝나고 당신이 관찰한 감정을 적어보는 것이다. 나의 경우, 감정 바라보기 후 스마트폰의 메모장에 내가 파악한 감정들을 간단하게 적어둔다.

감정의 메시지에 반응하라

자신의 감정을 읽기 시작했다면, 이제 그 감정을 가지고 해야 할 일이 있다. 그것은 감정의 진짜 메시지를 듣고 반응하는 것이다. 예를 들어, 나는 오래전 중요한 강연을 하는데 강연장의 분위기에 압도되어 큰 두려움에 사로잡힌 적이 있었다. 시작부터 호흡이 제대로 조절이 안 되었고 자신감이 없게 들리는 먹어 들어가는 목소리만을 내다가 강연을 마쳤다. 심지어 발표 후 정신없는 상태로 QnA를 맞이했고 질문의 요점을 제대로 파악하지 못한 채 얼토당토않은 답을 얼버무렸다. 결국 몇 주 동안 열심히 준비한 강연을 완전히 망쳐버렸다. 다 두려움 때문이었다. 그런데 이렇게 불편해 보이기만 하는 두려움은 나쁘기만 할까?

난 아직도 중요한 발표를 앞두고 있을 때 그 두려움을 느끼고 있다. 없어지지 않는다. 그런데 이제는 그 두려움의 진짜 메시지를 잘 알고 있다. 바로 불확실하고 부족한 부분들을 미리 잘 준비한다면 더 완성도 있는 발표를 해낼 수 있다는 것이다. 두려움을 가지고 발표를 꼼꼼히 준비한 결과 이제는 발표가 자아내는 두려움을 즐길 수 있게 되었다. 아이러니하게 들리지만 난 발표가 두렵고, 두렵기 때문에 발표에 두렵지 않게 되었다.

이와 같이 우리가 감정의 진짜 메시지를 듣는다면 우리는 더 가치 있는 삶을 모델링할 수 있다. 삶이 정말 지루하다고 느껴질 때, 지루한 감정에만 갇혀 있지 말자. 지루함이 계속해서 무엇을 말하고 있는지를 들어보는 것이다. 그러면 당신은 새로운 도전을 통해 삶의 새로운 활력소를 만들어 보자는 메시지를 들을 수 있을 것이다. 삶에서 큰 분노를 느끼고 있다면 그 분노의 에너지 덩어리가 어떤 긍정적인 가치를 만들어내고 싶은지를 들어보자. 어쩌면 그동안 부정적인 영향 속에서 참고 버티고만 있었던 것들을 완전히 거부하고 긍정적인 삶으로 돌파해 보자는 메시지를 들을 수 있을 것이다. 사람과의 관계 속에서 유독 당신만이 감정적으로 예민하다고 느껴지는가? 잠시 홀로 있을 때 그 감정이 무엇을 말하고 싶은가 귀 기울여 보자. 어쩌면 그 감정은 다른 사람들이 알아차리지 못한 것을 먼저 알아차리고 그것을 겸손하게 표현한다면 더 건강한 관계를 만들 수 있다는 메시지를 주고 있는지 모른다.

이와 같이 감정 바라보기를 통해서 바라본 우리의 감정의 진짜 목소리를 들어보자. 이를 통해 우리는 우리의 감정과 우리의 삶이 완전하게 일치되는 심행일치의 삶을 살 수 있을 것이다.

> **과학은 단지 지식을 쌓는 것이 아니라, 마음을 확장시키는 것이다.**
>
> *Science is not only a body of knowledge, but also a way of thinking, and an extension of the human mind.*
>
> — **마리 퀴리**(1903년, 노벨물리학/1911년, 노벨화학)

과학자의
사 고 법

초판 1쇄 발행 2025. 5. 22.

지은이 아이작 유
펴낸이 김병호
펴낸곳 주식회사 바른북스

편집진행 김재영
디자인 김효나

등록 2019년 4월 3일 제2019-000040호
주소 서울시 성동구 연무장5길 9-16, 301호 (성수동2가, 블루스톤타워)
대표전화 070-7857-9719 | **경영지원** 02-3409-9719 | **팩스** 070-7610-9820

•바른북스는 여러분의 다양한 아이디어와 원고 투고를 설레는 마음으로 기다리고 있습니다.
이메일 barunbooks21@naver.com | **원고투고** barunbooks21@naver.com
홈페이지 www.barunbooks.com | **공식 블로그** blog.naver.com/barunbooks7
공식 포스트 post.naver.com/barunbooks7 | **페이스북** facebook.com/barunbooks7

ⓒ 아이작 유, 2025
ISBN 979-11-7263-381-3 03810

•파본이나 잘못된 책은 구입하신 곳에서 교환해드립니다.
•이 책은 저작권법에 따라 보호를 받는 저작물이므로 무단전재 및 복제를 금지하며,
이 책 내용의 전부 및 일부를 이용하려면 반드시 저작권자와 도서출판 바른북스의 서면동의를 받아야 합니다.